国家社会科学基金一般项目
"地方政府社会治理创新对公共服务的影响研究"（编

ZOUXIANG
HEZUO DE SHEHUI

走向合作的社会

——基于公共品实验的研究

汪崇金／著

中国财经出版传媒集团

经济科学出版社

Economic Science Press

图书在版编目（CIP）数据

走向合作的社会：基于公共品实验的研究/汪崇金著 . —北京：经济科学出版社，2018. 12
ISBN 978 - 7 - 5141 - 9775 - 4

Ⅰ. ①走… Ⅱ. ①汪… Ⅲ. ①经济社会学-研究 Ⅳ. ①F069. 9

中国版本图书馆 CIP 数据核字（2018）第 221161 号

责任编辑：顾瑞兰
责任校对：郑淑艳
责任印制：邱 天

走向合作的社会——基于公共品实验的研究
汪崇金 著
经济科学出版社出版、发行 新华书店经销
社址：北京市海淀区阜成路甲 28 号 邮编：100142
总编部电话：010 - 88191217 发行部电话：010 - 88191522
网址：www. esp. com. cn
电子邮件：esp_bj@ 163. com
天猫网店：经济科学出版社旗舰店
网址：http：//jjkxcbs. tmall. com
北京财经印刷厂印装
710 × 1000 16 开 14.5 印张 200 000 字
2018 年 12 月第 1 版 2018 年 12 月第 1 次印刷
ISBN 978 - 7 - 5141 - 9775 - 4 定价：58. 00 元
（图书出现印装问题，本社负责调换。电话：010 - 88191502）
（版权所有 翻印必究 举报电话：010-88191586）
电子邮箱：dbts@ esp. com. cn

第一章　导　论

第一节　选题背景

有人类的地方，就有公共服务需求。如何更好地满足人们的公共服务需求，不仅是社会科学一直在积极探索的重大命题，也是现代社会治理的最大难题。经典作家们实际上很早就提出过自己的答案，影响最广的当属霍布斯的主张。在霍布斯看来，由于无处不在的机会主义的诱惑，除非借助于公共权力的惩罚，否则集体行动无法终结可怕的"自然状态"。霍布斯关于公共权力的见解被许多理论家所认同，也被那些关注公共品问题的现代经济学家所接受（Michael，1982）。按照新古典经济学的标准定义，公共服务（或称"公共品"）具有竞争性和（或）非排他性。其中，非排他性意味着它一旦被提供，任何人都可以从中受益，无论他或她是否为此付出过代价。因此，作为追求个人利益最大化的个体，最优策略就是选择"搭便车"。"囚徒困境""公地悲剧""集体行动的逻辑"等经典模型描述的正是这一现象。如何走出"囚徒困境"？新古典经济学提供的思路是，要么通过引入排他机制由市场供给，要么发挥政府的强制力由政府供给。然而，市场会失灵，政府也会失灵。"非市场，即政府"的二元选择方案，极大地限制了人们社会治理创新的思维。

思想引领实践。新古典主流经济学之所以无法指导人们走出"囚徒困境"、走向合作的社会，或许是因为过分强调了人的"自私"本性。古希腊哲学家亚里士多德早就强调，人本质上是社会性动物。马克思也指出，社会性是人的本质属性。社会中的任何人都不是孤岛上的罗宾逊，几乎所有的生产、生活都需要与他人互动。在长期的互动与演化中，人类早就形成了声誉、重复交往、群体选择等促进社会合作的机制。而且，许多人都有这样的一种行为倾向：在团体中与别人合作，并不惜花费个人成本去惩罚那些违规、卸责、"搭便车"等机会主义行为，即使这些成本得不到预期收益的补偿。在桑塔费学派（Santa Fe institute）语境中，这种喜欢合作而讨厌不合作的倾向被称为"强互惠"（strong reciprocity）。近二十多年来，随着经济学实验、演化仿真等行为经济学研究方法的发展，学术界为强互惠理论提供了大量的翔实证据。特别是脑科学家运用脑功能成像（functional neuroimaging）、功能性磁共振成像（fMRI）等工具，对支持强互惠行为背后的神经系统进行了深入的研究，回答了这些并不符合演化逻辑的行为何以存续。强互惠不同于强调个人利益最大化的策略性行为，已成为人们走出"囚徒困境"的可能突破口。

在当今现代社会治理中，人们的强互惠特质也得到重视与重用。中国一方面积极培育和弘扬社会主义核心价值观，激发人们与他人合作的亲社会性，将社会主义核心价值观当作全民族奋发向上、团结和睦的精神纽带，凝聚集体行动的力量，提升公共服务的共建能力。另一方面，在强化以国家强制力为后盾的公共惩罚的同时，更加重用人的利他性惩罚特质，积极完善社会监督机制，在私人惩罚与公共惩罚的互动中探寻良法善治。其中，私人惩罚为反腐败斗争、环境大督查等提供了大量的"地方知识"。应该说，在当前社会治理实践中，在强调"放权让利"、从正向激励入手"把激励搞对"的同时，还在不断强化利他性惩罚在内的各种形式的惩罚，着力构建多层次的惩戒体系，从负向激励入手"把激励搞对"。这有别于以往的家庭联产承包责任制改革、国有企业改革的逻辑，也是当前社会治理的一个重要突破口和显著特征。

强互惠理论强调人的行为动机的多样性和社会性，对"人"的抽象更符合实际。不过，强互惠理论毕竟是在新近才发展起来的，尚有诸多质疑，对社会实践的指导潜力也尚待挖掘。鉴于此，人们不禁要问，强互惠真的够强吗？真能为社会合作开启一扇窗吗？另外，一个群体中的强互惠行为与其所处社会的文化背景、历史传承、经济发展都是息息相关的，基于中国被试的研究是否会有新的发现？本书尝试回答这一系列的问题，以期为中国新时代社会治理创新提供一个新的逻辑。

第二节 研究意义及创新点

一、理论意义

要理解经济如何运行，懂得如何管理经济并促进经济繁荣，我们就必须关注人的某些思维模式，这些思维模式能够真实反映人的思想和情感（乔治，2009），但"人类的各种知识中最不完备的，就是关于'人'的知识"，这为本书研究留下了空间。就公共品供给而言，新古典经济学基于"经济人"假设，为我们提供的"非市场，即政府"的两分法思维根本无法满足人们日益增长的公共服务需求。实际上，关于"经济人"假设是否合理有效的讨论一直存在。凯瑟琳·科曼（Katharine Coman）在《美国经济学评论》（AER）创刊号（1911）上发表了题为"几个悬而未决的灌溉问题"（Some Unsettled Problems of Irrigation）的文章，其中有关灌溉用水的分配问题常被后来研究公共资源管理的文献提及（Ostrom，1990）。值得注意的是，100 年后，美国哈佛大学肯尼迪政府管理学院的罗伯特·N. 史蒂文斯（Robert N. Stavins）在《美国经济学评论》百年纪念刊（Vol. 101，No. 1 Centenary Issue）上发表了题为"公地问题：100 年后仍悬而未决"（The problem of the commons：still unsettled after 100 years）的文章，对上述经典给予了回应，表明百年前的难题在今天依然无解。

尽管如前文所指出的，强互惠理论是迄今为止解释人类合作之谜的最为有力的理论，也是奥斯特罗姆第二代集体行动理论的基石之一，但是强互惠理论并未被广泛认可，质疑声不断。例如2012 年 2 月发表的《行为与脑科学》（*behavior and brain science*）专门就强互惠理论展开讨论。当期期刊的开篇之作是瓜拉（Guala F. ）的题为"互惠：弱还是强？什么惩罚实验（不）能证明"（Reciprocity：weak or strong？What punishment experiments do（and do not）demonstrate）的文章，对强互惠理论特别是利他性惩罚提出了诸多质疑。这期期刊的其他文章有支持质疑的，也有回应质疑的，文章的作者均来自此领域的著名学者，如埃莉诺·奥斯特罗姆、尼科斯·尼基福拉基斯（Nikos Nikiforakis）等，而且，强互惠理论的倡导者赫伯特·金迪斯（Herbert Gintis）和恩斯特·费尔（Ernst Fehr）还就瓜拉的质疑给予反驳。最后，这期期刊以瓜拉另一篇文章"强互惠是真实的，但没有证据表明不经协调的有成本惩罚能够维系在自然环境下的合作"（Strong reciprocity is real，but there is no evidence that uncoordinated costly punishment sustains cooperation in the wild）而结束。由此可见，强互惠理论仍需进一步的广泛研究，而且在无外在干预的情况下，人们如何就公共事务达成合作仍是一个有待研究的重大理论问题。

二、现实意义

现实生活中随处可见人与人之间的合作，但与此不相称的是，主流经济学长期以来以"经济人"假设为起点，以"竞争"为主线，专注于研究稀缺资源的有效配置，忽视了对人类合作行为的研究（黄少安和韦倩，2011）。实际上，人类之所以能够取得今天的成就，并不是由于人类与其他动物一样具有竞争的本性，而是与之相反，在于人类与其他动物不同的特点——高度的合作能力（孟昭勤和王一多，2004）。认识到这一点，对于方方面面的制度设计与安排意义重大。大的方面关乎如何推进"一带一路""环境治理"等国际合作，小的方面关系如何加强"社区治理""组织管理"等人际互动，甚至包括税收遵从、公共参与等微观行为。

公共品供给问题是社会科学基本问题"社会合作何以可能"在经济学中的体现，这也是当前公共品领域最前沿、最受关注的问题（胡志莹，2008）。前面已经提到，新古典经济学的要么私有化、要么国有化的两分法思维方式是非常有限的，根本无法满足人们日益增长的、异质化的公共品需求。实际上，在人类社会发展的历程中，相互依赖的个体常常能够把自己组织起来，形成自主组织，如宗族、部落、村社、教会、帮伙、行会，等等，从而在所有人都面对"搭便车"、规避责任或其他机会主义行为诱惑的情况下实现公共品供给。这种不依靠政府权威而实现公共品自主供给的方式是人类社会最为原始的方式（陈潭和刘建义，2011）。

我们也乐见，中国政府力求在"政企分开"之后再培育一个独立于"政府"和"市场"的"社会"部门，形成"政府、社会、市场"协同治理的新局面。中国政府正积极将"政府的事务性管理工作、适合通过市场和社会提供的公共服务，可以适当的方式交给社会组织、中介机构、社区等基层组织承担。"① 特别是在乡村振兴战略下，鼓励乡村的"法治、德治、自治"。由此可见，增强社会组织自我管理、自我服务能力，充分发挥城乡社会组织的经济功能，是今后公共品供给方式创新的一个方向。这也是党的十八大提出的"社会治理"理念的具体体现。但培育社会，并非易事。究竟从何处入手？强互惠理论有一定的指导意义。本书将紧扣这一发展趋势，为实践创新提供理论基础。

前面讨论的是"谁来提供公共品"问题，在当今社会治理实践中，人的强互惠特质也得以重用。一方面，中国积极培育和弘扬社会主义核心价值观，重视并激发人们与他人合作的亲社会性。党的十八大以来，培育和弘扬社会主义核心价值观，已被上至中央、下至地方当作凝神聚气、强基固本的基础工程。党的十九大再次重申"坚持社会主义核心价值体系"，并将其作为新时代坚持和发展中国特色社会主义的基本方略之一。之所以将社会主义核心价值观放到前所未有的高度，是因为它日益成为全体人民共同的价值追求，成为全民族奋发向上、团结和睦的精神纽带。相反，如果在社会治理中过分强调"个人贪婪"，那必然会使得对他人合作的悲观预期在社会上持续不断地蔓延发酵，加速社会个体的原子化，无法凝聚集体行动的力量，侵蚀公共服务的共建能力。

另一方面，中国更加重用人的利他性惩罚特质。党的十八大以来，中国在各个领域畅通投诉举报渠道、发挥媒体舆论监督、鼓励同行监督，在私人惩罚与公共惩罚的良性互动中，充分发挥人们对违规、卸责、"搭便车"等机会主义行为实施利他性惩罚的

---

① 温家宝："政府事务性管理工作可适当交给社会组织"，2012 年 3 月 19 日，新华网，第十三次全国民政会议。

亲社会特质。但如本书研究所揭示的，私人惩罚的一面是利他性惩罚，另一面是反社会惩罚，两者犹如孪生兄弟，常伴左右。反社会惩罚不仅抑制了利他性惩罚维系社会合作的社会控制职能，还可能在群体中造成相互猜忌，甚至世仇。我们注意到近来各地纪检委通报不实举报典型，这实际上是正视反社会惩罚的危害、引导私人之间的相互监督与惩罚。

无论是从公共品供给的视角来看，还是从社会治理实践来看，本书的选题与研究都非常具有现实意义。

三、创新点

创新点之一。与奥尔森等人不同的是，埃莉诺·奥斯特罗姆从研究 5000 多个小规模公共池塘资源案例出发，运用制度分析与经验分析的方法，说明了公共池塘资源这类公共品的共享者可通过"自组织"有效地自主治理（郭其友和李宝良，2009），证明了个人普遍理性自私并不存在，人作为文化人、社会人，有利他和互惠的倾向与动机，有时甚至具有强互惠性。而且当个体可用他们的私人成本去惩罚"搭便车"者的时候，群体呈现较高的合作率。正是这些因素的共同作用，使得个体间的互惠与合作得以实现，集体行动困境得以克服（张克中，2009）。

强互惠理论来自西方，特别是支持该理论的行为经济学证据更多是源自西方。那么西方较为成熟的自主治理理论能否为我所用呢？从历史上看，特别是从近代以来，很多仁人志士从西方学到了很多先进的理念，并尝试将西方的很多制度搬到中国，来改造中国社会，但往往以失败而告终。这是因为一种制度必须根植于一定的生长环境，人为的、简单的移植很可能会出现"淮南为橘，淮北为枳"的结局。由此可见，如何基于中国人的文化背景，实现理论的本土化，仍需积极探索，这是本书的一个创新点。

创新点之二。传统经济学忽视人们之间的合作和协调，把"公地悲剧"作为经典事例来证明公有财产的无效率，而社会资本理论却认为，良好的人际关系和合作可以把"公地悲剧"变为"公地繁荣"。把社会资本理论引入经济学就把体现个人主义的利己动机与体现集体主义的利他动机有机地结合起来了，使个人理性与社会理性、个人利益与社会利益有机地统一起来了（郭熙保，2006）。但是，在肯尼思·阿罗看来，社会资本概念最大的问题是无法测度性及其定义的模糊性①，甚至"强烈建议放弃资本的这个隐喻，以及'社会资本'这个词"（Arrow，1999；曹荣湘，2003）。罗伯特·索洛和肯尼思·阿罗一样，也认为社会资本概念不可取。"为什么要叫社会资本？我认为，这是试图从糟糕的类比中得出确定的结论"（Solow，1999）。针对理论界种种反对之声，许多学者还是试图将这一概念的内涵加以明晰的界定。按照鲍尔斯和金迪斯（Bowles and Gintis，2002）的理解，社会资本通常指的是信任、对自身所属团体的关心、遵守社区规则并对那些违反者予以惩罚的意愿。不难看出，作为强互惠理论的倡导者，他们是从积极的强互惠行为和消极的强互惠行为两个方面来定义社会资本的。② 本书将尝试探索强互惠特质的培育问题，从而使理论研究更好服务实践。总之，在强互惠理论的统一框架下，把社会资本理论引入经济学是本书在研究视角上的一个创新。

创新点之三。本书分析了人们对于他人的强互惠行为的预期，深化了对强互惠理论的研究。本书发现，不为被罚者知晓的利他

---

① 到目前为止，社会资本概念还没有一个公认的权威性定义，社会学家的定义与经济学家的定义往往相差甚远，就是在社会学或经济学领域内，观点也千差万别（郭熙保，2006）。

② 鲍尔斯和金迪斯（Bowles and Gintis，2002）的论述中，将强互惠行为狭隘地界定为消极的强互惠一个方面。详见曹荣湘：《走出囚徒困境：社会资本与制度分析》，上海三联书店2003年版。

性惩罚不足以维系社会合作。这是因为人们在这种情况下普遍下降了惩罚意愿，而且大多数被试，特别是"搭便车"者，会低估他人的利他性惩罚，最终导致利他性惩罚威胁失效。需要强调的是，这与来自工业化国家的实验证据并不一致（Fudenberg and Pathak，2010）。当然，中外相同设计实验得到不同的实验结论，并非本书特例。比如吴佳佳等（Wu et al.，2009）以北京的在校大学生为被试对象，复制了心理学家德雷贝等（Dreber et al.，2008）设有利他性惩罚的"囚徒困境"实验。在德雷贝等以波士顿大学学生为被试对象的实验中，合作水平明显提高，但在吴佳佳等的两个实验中，一个实验的合作水平没有明显改善，另一个实验的反而有所退化。本书与吴佳佳等基于中国被试的实验均得到了不同于西方的异样结论，是中国社会自身特点使然。总而言之，本书实验是对当前中国社会的一个截影（spot），印证了中国社会利他性惩罚乏力、利他性惩罚预期不足的现实。

第三节　研究方法与平台

一、研究方法

在公共品自愿供给情境中，"搭便车"行为到底有多严重？这是备受争议但难以验证的问题。尽管我们能够搜集到有关捐赠、自愿合作的统计数据与现实案例，但是，我们根本无法从错综复杂的现实生活中剥离出可以用来检验、回答上述问题的有效数据。可以说，以严格意义上自愿方式供给的"真实市场"（real market）数据是很难获得的，一些基于统计数据的研究结论显然也是苍白无力的。不过，与其他学科或领域一样，近几十年来，一些研究公共品理论的学者借助经济学实验方法来克服数据采集的困难。[①]

　　所谓经济学实验指的是一种应用于经济学的实验形式。具体来说，经济学实验所要做的主要是在可控的实验环境下，针对某一经济现象，通过控制某些条件（假设）来改变实验的环境或规则，并观察实验对象的行为，分析实验的结果，以检验、比较和完善经济理论并提供政策决策的依据（胡志莹，2008）。作为经济学的一门分支学科，实验经济学与行为经济学联袂将心理学原理和实验方法引入经济学研究，对新古典经济学构成了强烈的冲击，影响深远（王国成等，2005）。就公共品实验而言，据查尔斯·霍尔特（Charles Holt）统计，截止到2009年，在实验经济学不算长的历史中，就已开展了200多个，有关公共品实验研究的成果相继发表在《自然》《科学》《美国经济学评论》（*American Economic Review*）等国际顶级学术期刊。

二、实验平台

　　当前，可用以开展经济学实验的程序平台有很多[②]，这些平台可以大致分为两类。第一类是基于网络的实验平台，比如索尼等（Thöni et al.，2012）使用的是由哥本哈根大学经济系开发的实验经济学网络实验（internet laboratory for experimental economics，iL-EE）。使得被试群体不再局限于那些能够走进实验室的人群，而是运用随机抽样的方法，从全国邀请了具有代表性的被试群体，通过互联网平台完成经济学实验。第二类实验平台的被试对象只能被限制在同一个实验室。广泛使用的实验平台是由苏黎世大学经

───────────────

① 用实验方法研究与经济相关的问题，如果从1738年的"彼得堡悖论"算起，已有二百余年历史，但是真正进行实验经济学"受控实验"的还是近几十年的事。
② 详细的介绍可参考陈叶烽的《社会性偏好的检验：一个超越经济人的实验研究》。

济学实证研究学院（Institute for Empirical Research in Economics）开发的软件包 z-Tree。它包括两个部分：一个是 z-Tree 程序，用于设计、编辑和启动实验程序，实验中，该程序安装到教师机；另一个是 z-Leaf 程序，用于连接教师机，安装到学生机。z-Tree 可以实现和运行包括拍卖实验、公共品博弈实验、最后通牒实验、"囚徒困境"实验、信任实验等在内的诸多经济学实验。

当然，克斯菲尔德等（Kosfeld et al.，2009）、詹森等（Janssen et al.，2010）根据研究问题的需要，编写出自己的实验程序。不过，据本书所掌握的资料，与本书相关的大多数实验均是在 z-Tree 平台实现的，因此，本书所有实验室实验也选择此实验平台。

三、实验机制

1. 公共品自愿供给博弈结构

自愿供给博弈（voluntary contribution game，VCM），也称为线性公共品博弈（standard linear public goods game），最早由伊萨克等（Isaac et al.，1984）提出的，现在已成为理解社会困境下合作和竞争行为的良好工具。在自愿供给机制博弈中，每 $n \geq 2$ 位被试被随机地分成一组，每位被试均被赋予 w 单位的禀赋，或者称为实验币（token），由其在私人账户与公共账户之间配置，分别用于私人品和公共品投资。私人品投资即为投资收益，由被试自己独享；公共品投资的单位资本边际回报（MPCR）为 a，投资收益由小组成员非排他地共享。假如被试 $i \in \{1, \cdots, n\}$ 投向公共账户的禀赋为 g_i（$0 \leq g_i \leq w$），则被试 i 本阶段的实验收入可用下列公式表示：

$$x_i^1 = w - g_i + a \times \sum_{j=1}^{n} g_j \qquad (1.1)$$

其中，$0 < a < 1 < na$，因此有：

$$\frac{\partial x_i^1}{\partial g_i} = -1 + a < 0 \qquad (1.2)$$

$$\frac{\partial \sum\limits_{i=1}^{n} x_i^1}{\partial g_i} = -1 + na > 0 \qquad (1.3)$$

式（1.2）表明，对于每个利益最大化的被试，选择零贡献是其占优策略，即策略组合 $g(0, \cdots, 0)$ 是该博弈的唯一纳什均衡；式（1.3）成立则意味着，所有被试贡献全部禀赋是社会最优选择，全体成员的福利状态达到最佳状态，也就是说，$g(w, \cdots, w)$ 是这个博弈的社会最优选择（Kosfeld et al.，2009；Fehr and Gächter，1999）。显然，这里出现了集体行动的困境。

2. 引入惩罚机制的博弈结构

在公共品自愿供给机制的基础上，费尔和盖切特（Fehr and Gächter，2000）增加了新的环节，允许被试对他人实施私人惩罚，拓展的具有惩罚机会的公共品自愿供给机制现已成为研究公共品自愿供给、私人惩罚等问题的基本范式。具有惩罚机会的公共品实验包括两个阶段：第一阶段为公共品自愿供给阶段，如上文所述；第二阶段为惩罚阶段，被试被告知与自己同一组的队友在第一阶段的公共品供给情况，并允许他们同时对队友施以惩罚。假设被试 i 与被试 j 的惩罚用 p_{ij} 表示，被试 j 的收入因此减少 p_{ij} 单位，而被试 i 也因此必须支付 cp_{ij} 单位成本，其中，$0 < c < 1$；当然，被试 i 也有可能遭受来自被试 j 的惩罚，类似地记为 p_{ji}。因此，被试 i 两个阶段的实验收入为：

$$x_i^2 = (w - g_i) + a \times \sum_{j=1}^{n} g_j - \sum_{j \neq i} p_{ij} - c \times \sum_{j \neq i} p_{ji} \qquad (1.4)$$

前两项表示被试 i 在第一阶段的收入，即 x_i^1，第三项代表被试 i 为惩罚他人所花费的成本，第四项代表被试 i 因为被他人惩罚而遭受的损失。不过，被试每期的收入一般不低于 0。

一般情况下，在标准的公共品实验中，$n = 4$、$w = 20$、$a = 0.4$；在具有惩罚机制的实验中，$c = 3$。

也有的研究进一步拓展费尔和盖切特的设计，引入多阶惩罚（high-order punishment），如森亚布古马等（Cinyabuguma et al.，2006）、尼基福拉基斯（Nikiforakis，2008）、尼基福拉基斯等（Nikiforakis et al.，2011）等。实验收入如式（1.5）所示。

$$x_i^3 = (w - g_i) + \alpha \times \sum_{j=1}^{4} g_j - \sum_{j \neq i} P_{ij}^1 - c \times \sum_{j \neq i} P_{ji}^1 - \sum_{j \neq i} P_{ij}^2 - c \times \sum_{j \neq i} P_{ji}^2 \tag{1.5}$$

其中，P 的上标 1（2）表示惩罚发生在第 1（2）次惩罚阶段。

第四节　相关文献

一、经典作家的论述

公共品的非排他性特点意味着一旦被提供，任何人都可以从中受益，无论他或她是否为此付出代价。因此，作为自私且理性的个体，最优策略就是选择"搭便车"。公共品供给中的"搭便车"问题是"社会合作何以可能？"在经济学中的具体体现，而"公地悲剧""囚徒困境""集体行动的逻辑"是经济学家对这个问题的经典抽象。当然，公共品理论作为一个系统的理论，最初出现于 19 世纪 80 年代，是边际效用价值理论应用于财政领域的重要成果之一（张馨等，2000）。而从人类经济社会思想史的进展来看，如何克服个人短期和眼前的私利并通过合作最大化人类的社会福祉这一问题，很早就被各学科的一些重要思想家认识到并提了出来（黄真，2009）。这方面最为人们所熟知的例子有霍布斯的"利维坦"、洛克的"共同体"等，而这些经典作家有关公共性事务与政府职能的论述正是解决集体行动问题的思想源泉。

1. 宏观视角

《利维坦》是近代西方第一部系统阐述国家学说的著作。在这部著作中，托马斯·霍布斯分析，在国家出现以前，人们生活在"自然状态"中，"每个人按照自己所愿意的方式运用自己的力量保全自己的天性——也就是保全自己的生命的自由"，不过，在这样看似自由、平等的状态中，人们并不幸福，反而过着"孤独、贫困、卑污，残忍而短寿"的生活，因为人类是天生利己的，支配人的行动的根本原则是"自我保存"。摆脱这种令人无法忍受的"自然状态"的唯一解决办法就是"把大家所有的权力和力量托付给某一个人或一个能够把大家的意志化为一个意志的多人组成的集体"（霍布斯，1985）。

霍布斯认为，自然状态是"一切人反对一切人的战争"状态，与霍布斯的悲观判断不同，洛克在《论政府》中这样描述自然状态："那是一种完整无缺的自由状态，他们在自然法的范围内，按照他们认为合适的办法，决定他们的行动和处理他们的财产和人身……"，甚至"人人都享有惩罚罪犯和充当自然法的执行人的权利"，不过，由于人人都是自然法的执行法官，过多的法官反而使得自然法的执行产生困难，人与人之间的纠纷往往找不到妥当的解决方案，进而可能恶化成一场又一场的战争。"避免这种战争状态是人类组成社会和脱离自然状态的一个重要原因。因为如果人间有一种权威、一种权力，可以向其诉请救济，那么战争状态就不再继续存在，纠纷就可以由那个权力来裁决。"这个时候，一种洛克称为"共同体"的组织便随着大家的自愿加入而成立了。

2. 微观视角

瑞典学派的纳特·威克塞尔（N. Wicksell）、林达尔（Lindahl）继承奥意学派的边际分析方法，开始从公共选择的视角讨论公共品供给问题。他们的主张被后人称为威克赛尔—林达尔模型。① 威克赛尔是西方近代经济学史上一个颇有建树的瑞典经济学家，对利息、货币、价格、经济周期等问题都曾有独到的见解。就公共品问题而言，他认为其核心在于个人对公共品偏好显示的隐蔽性，而解决这个问题的最好办法是引入政治程序，即由消费者对预算支出——税收份额的选择方案进行投票，政府依据"全体一致原则"达成的方案供给公共品。不难看出，威克赛尔实际上是把霍布斯式的老问题，在经济学的话语语境中重新提了出来，并没有回答人类怎样从"自然状态"过渡到"社会状态"。

不过，作为威克赛尔的学生，林达尔则进一步细化了老师的"全体一致原则"。林达尔认为消费者有足够的理性，即消费者会认识到个人隐藏其公共品偏好导致的公共品供给不足会给自己带来的损失，远大于各自真实显示偏好、支付税收并获得更多的公共品时给自己带来的损失，这些消费者会就公共产品的供给水平以及他们之间的成本分配进行讨价还价，并在全体一致同意的基础上，实现讨价还价的均衡。对威克赛尔—林达尔模型最有力的批评是，人们没有说真话的激励，因为他们的税收价格会随着他们说出来的需求的增加而增加（斯蒂格利茨，2005）。正如休谟在《人性论》中所言的，共同在一片草地上排水的协议绝不可能在1 000人之间达成，因为每个人都企图把负担推到别人头上去。不过，他同时也承认，两位邻居间完全有可能达成排水协议，而这

① 大部分公共经济学的作者都习惯把该模型称为"林达尔均衡"，按照南京理工大学朱宪辰的看法，回顾林达尔模型体系的背景和内容含义，实际上将这一体系称为"威克塞尔—林达尔（Wicksell-Lindahl）均衡"或许更为贴切。

完全可以看作是威克赛尔—林达尔模型的现实原型。

二、国内有关公共品自愿供给的实验研究①

实验经济学的兴起推动人们对公共品理论的研究。在国内学术界，杨志勇（2003）较早地看到了这个趋势。到目前为止，已经有不少利用实验经济学的方法研究公共品问题的文章。

1. 基于标准公共品博弈的实验研究

据本书掌握的资料来看，刘小兵（2004）是国内最早运用实验经济学的研究方法来检验公共品理论和集体选择理论的学者。他通过设计一系列的实验方案、观察被实验者的行为和分析实验结果，对个人合作提供公共品的可能性进行了比较细致的实验研究。他历时近3年的实验与观察，支持了公共品理论和集体选择理论，即个人理性与集体理性的矛盾导致了公共品提供的市场缺陷，同时也得到一种启示，即通过制度的合理设计有促进公共品成功提供的可能。

周业安和宋紫峰（2008）则首次运用计算机程序在实验室开展公共品自愿供给研究。他们在一个典型的公共品实验环境中，考察了公共品覆盖人群大小、个体投资于公共品的边际收益、初始禀赋和社会关系对于其公共品自愿供给的影响，验证了对公共品自愿供给现象的不同解释；同时，他们通过将之与已有的源自不同国家的相似实验研究进行对比，继而说明经济个体的社会性偏好的某些固有稳定性。对于社会性偏好的实验研究，陈叶烽（2009）也在公共品博弈实验中对亲社会行为进行了分解与检验，发现了类似的结论。宋紫峰、周业安和何其新（2011）在一个标

---

① 国外有关公共品自愿供给的实验研究依据主题安排在本书后面各章节的文献综述中。

准的公共品自愿供给实验环境中，运用实验经济学方法研究了通
过初始禀赋不平等、个体投资公共品边际收益不平等和出场费不
平等3种方式体现的收入不平等，与社会性偏好、公共品自愿供给
之间的相互关系。他们发现：一是公共品自愿供给是可能的，不
过在多期重复中明显下降；二是初始禀赋不平等、个体投资公共
品边际收益不平等都会对个体公共品投资行为产生显著影响，而
出场费不平等的影响则不确定；三是个体公共品投资行为主要可
由互惠和不平等厌恶理论所解释。陈叶烽和何浩然（2012）通过
四组公共品博弈数据的两两对比分析发现，组群规模和结构搭配
对公共品投资均存在显著影响。他们还进一步分析了个体特征因
素包括个体的公益态度和公益行为等因素对公共品合作水平的影
响。具体而言，男性的合作水平显著高于女性的，有实验经验被
试的合作水平显著低于无实验经验被试的，同时，愿意资助贫困
生的被试的合作水平较高。

2. 惩罚对于公共品自愿供给合作的影响

唐方方（Tan，2008）假设小组成员具有不同的边际资本回
报（MPCR），并在此基础上分析惩罚对合作的影响。实验是在
蒂尔堡大学进行的，研究发现，允许惩罚显著地提高了小组成员
的平均贡献量，但是他们的收入水平并未提高；在合作水平较高
的小组，高边际资本回报的被试在实验初期积极惩罚低边际资本
回报的被试。高边际资本回报的被试遭受更多的惩罚，他们在下
一期增加公共品的幅度也更积极。秦海英和王冠群（2011）在
标准公共品实验中引入了利他性惩罚，他们发现，在有无惩罚机
制的情况下，被试分别采取了完全不同的行动策略。没有惩罚机
制的实验中，被试的公共品贡献值最终趋于非常低的水平。但在
引入惩罚机制的实验中，公共品平均贡献水平始终能够维持在初
始禀赋50%～95%的水平。也就是说，被试如果面临潜在的惩

罚压力，那么他们会较少采取"搭便车"行为。宋紫峰和周业安（2011）在一个收入不平等环境中考察了两种类型的惩罚机制对于公共品供给的影响。实验结果表明：由于社会性偏好的普遍存在，引入惩罚机制可以显著且稳定地提高公共品供给水平，不过基于个体的惩罚机制效果更好；惩罚主要针对违背公平准则的行为，被试也会主动调整以避免被惩罚；处境较好的被试的惩罚倾向较低，并且被惩罚的可能性较高。许彬等（Xu et al.，2011）在更大的组群（规模达到40）中讨论了个体间的惩罚促进公共品供给的效果，他们发现，尽管随着组群规模的扩大，依靠分散的、个体间的惩罚会出现协调问题，但是，个体间惩罚的促进公共品合作的效果是相对稳健的。赫尔曼等（Herrmann et al.，2008）以16个来自不同文化和经济社会发展水平国家的被试群体为研究对象，研究了惩罚及反惩罚对公共品合作的影响，其中的一个被试群体来自中国成都，实验发现，成都被试表现出来的亲社会行为、反社会行为与来自西方工业国家的大致相同。

尽管对"搭便车"行为进行惩罚是维护公共合作的有效机制，但惩罚是有成本的，它又会诱发二阶"搭便车"，进而导致惩罚机制瓦解，即出现了二阶社会困境。不过，叶航（2012）运用计算机仿真技术模拟了一个多行为主体（multi-agent）演化博弈随机过程，研究发现，在不改变其他假设的情况下，只要公共品的回报足够大，惩罚行为就能保持稳定的演化趋势。具体而言，随着公共品回报的不断增加，二阶"搭便车"对惩罚者的演化优势会不断缩小；当这种优势足够小时，它就可能被演化过程的随机性所抵消。由此可见，以公平和公正为宗旨的社会正义是化解社会困境的必要前提；在人类的公共合作中，正义原则优先于效率原则；而人类天性中的正义感，则是这一社会规范内部化的产物。

第五节　本书主要内容

本书共分为九章，主要内容及研究思路如图 1 - 1 所示。

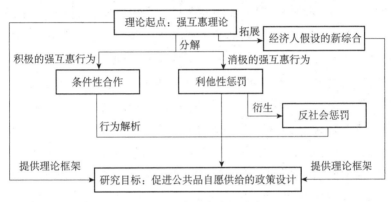

图 1 - 1　主要内容及思路

第一章是导论部分。该章简要地说明了本书的选题背景、研究意义、创新点、研究方法、实验平台与机制等内容。

第二章是对强互惠理论的介绍。紧扣经济学实验、演化仿真和脑成像行为经济学三大研究方法，从静态视角系统梳理了人类这一特质的证据，并从动态视角勾画其可能的演进路径。

第三章梳理了近年来学术界对强互惠理论提出的诸多质疑，例如社会性偏好是否稳定可靠、私人惩罚能否足够有效、利他性惩罚存否现实证据等，对强互惠理论形成巨大的挑战。这一章围绕公共品实验研究，回顾了学术界对这些质疑的积极探索，总结了强互惠理论研究的新进展，并对强互惠理论及其价值进行了评述。

第四章是从积极的强互惠行为着手，分析公共品自愿供给情境中的强互惠行为及其对自愿供给合作的影响。在重复多期的公共品实验中，公共品供给水平呈不断恶化趋势，比较合理的解释是人们社会性偏好的异质性，因为群体中除一直选择"免费乘车"和一直选择投资的个体外，还有一部分个体初始时会选择投资公共品，但是随着合作尝试的失败，转而选择"免费乘车"，因此导致公共品供给下降。进一步的问题是，在重复实验中，被试发现他人"搭便车"后，是立即效仿或是逐步调整？被试的社会性偏好是否稳定？这些都是值得进一步探讨的问题，最近的一些文献正沿着这个思路逐步推进。本章将以中国的实验证据进行解答。

第五章是利他性惩罚对公共品自愿供给的影响效果分析。尽管由于个体偏好的异质性，公共品供给水平显著不为零，但是，在重复多期的实验中，公共品供给难改不断下降的趋势。基于工业化国家的实验结论显示，强互惠者对于"搭便车"者的利他性惩罚能够有效维系公共品自愿供给合作。不过，在一个群体中，作为"义士"的强互惠者，其在群体占比的多寡、惩罚意愿的强弱均将直接影响到利他性惩罚促进公共品自愿供给合作的水平。也就是说，强互惠行为能否为"搭便车"者提供足够的威慑可能因群体所处的历史传承、文化背景等有关，是一个有待于进一步检验的实证问题。本章运用经济学实验方法，将就消极的强互惠行为及其对公共品自愿供给合作的影响展开实证研究。

第六章考察的是利他性惩罚在不可知情况下对公共品自愿供给合作的影响。在费尔和盖切特（2000，2002）研究范式下，不断强化的互动可能塑造出了不同现实生活的新的情境，进而导致实验中惩罚不断传递、恶化，从而夸大了利他性惩罚的现实意义。弗登伯格和帕塔克（Fudenberg and Pathak，2010）基于费尔和盖切特的研究范式，设计了不可知惩罚实验，即直到实验结束时，被试才知晓自己被惩罚的情况。不可知惩罚实验中,被试对他人利他性惩罚的预期应该是在现实生活习得的,或者称自产的(home-grown)。他们以美国在校大学生为被试对象的实验发现,即使在被试直到实验结束时才知晓被惩罚的情况下,对于"搭便车"的惩罚依然存在,合作也能够维系。当然,这些乐观的结论还有待于更多的经验数据支持,为此,本章基于弗登伯格和帕塔克的实验设计,寻找来自中国被试的证据。

第七章研究的是反社会惩罚及其对公共品自愿供给合作的影响。利他性惩罚,作为强互惠行为的一个方面,是个体出于自身的判断和感受对他人实施的有利于集体合作的惩罚。正是由于这种属于个人而非公共组织的惩罚,可能在他人看来并不妥当,不仅难以实现促进合作的效果,甚至因此引发猜忌和仇恨。类似的反社会惩罚早已为人所知,但是在以工业化国家被试为研究对象的实验中并不盛行,对公共品自愿供给合作也无实质影响。直到最近,跨文化的研究开始注意到反社会惩罚对于公共品自愿供给合作的破坏力。本章深入探讨了不同类型的惩罚及其对合作的影响,还开展了具有反惩罚机会的实验,证实了反社会惩罚的存在削弱了利他性惩罚对公共品自愿供给合作的积极影响。

第八章是在高阶惩罚的视角下,探讨减少反社会惩罚、实现公共品自愿供给合作的制度设计。从当前国际学术界的研究来看,在高阶惩罚的情况下,有人可能会惩罚那些曾惩罚过自己的人,也有人可能惩罚那些未对"搭便车"者实施有效惩罚的人,还有人可能会作为第三者,惩罚那些曾惩罚过合作者的人。前一种为报复性的惩罚,不利于合作,后两种分别称为"对惩罚失责的强化"(punishment enforcement for omission,PEO)和"对错误惩罚的强化"(punishment enforcement for commission,PEC),均有惩罚强化(sanction enforcement)效果,有利于合作。不过,两种效果一正一反，究竟是孰大孰小？这可能直接影响到非正式惩罚对公共品自愿供给的影响效果？本章以此展开进一步研究，提供了来自中国被试的证据。实验结论显示，提供更多信息能够促进个体间的相互理解，进而促进公共品自愿供给合作。

第九章为本书的结论部分。该章首先总结了本书主要的几个结论和存在的一些不足，并在此基础上指出了今后进一步研究和改进的方向。

第二章 强互惠理论

——从对"人"的基本假设说起①

第一节 引 言

社会科学研究者们出于研究问题的需要，需要对"人"做出合理的抽象假设。最为著名的当属经济学中的经济人假设。新古典经济学家将经济人假设的思想源泉追溯到亚当·斯密在其《国富论》中有关屠户、酿酒家和面包师的那段描述，将他们的恩惠理解为出于自利的打算。实际上，管仲在《管子·禁藏篇》中早就指出，"其商人通贾，倍道兼行，夜以继日，千里而不远者，利在前也"。趋利避害是"人"的基本特征之一。但是，将"人"千篇一律地简单概括为"经济人"，不仅不符合亚当·斯密在其另一部著作《道德情操论》中对人的描述，更不符合现实生活中的真实的人。新古典经济学正是由于对人的思维模式的不恰当认识，无法解释大量的现实问题，被人们笑称为"黑板经

① 本章未详尽内容可参考史丹、汪崇金：《社会合作的行为经济学解释评述》载《经济学动态》2017 年第 1 期，第 92～101 页。《新华文摘》（2017 年第 12 期）全文转载，封面推荐，第 155～157 页。

济学"。

学术界就经济人假设的争论实际上自其诞生之日起便一直存在，只是由于缺乏足够的行为证据，对自利假设的质疑未能撼动主流经济学的看法。世界银行的 2014 年年度报告《思维、社会与行为》（*Mind, society and behavior*）总结了近二十多年来的行为经济学研究成果，指出"人"并非按照经济学里完美的理性人行事的，而是深刻地受到社会环境、社会规范和文化的影响，存在明显的差异（The World Bank，2015）。对"人"的行为的社会性、多样性的恰当概括，使得强互惠理论备受关注。强互惠理论更是具体地指出，社会中许多人都有一种行为倾向，即愿意与他人合作，并肯花费个人成本去惩罚那些破坏群体规范的人，即使惩罚他人而付出的成本得不到预期的利益作为补偿，但他们依然会这么做。大量的公共品实验为我们描述了这样一幅图景：群体中有些人为强互惠者，他们会积极尝试着与他人合作，群体中还有另一些人为"搭便车"者，他们不顾他人的善意而搭他人的便车。如果"搭便车"行为不能被有效抑制，强互惠者也会效仿，合作难免退化。不过，如果允许人们相互监督与惩罚，那么源自强互惠者的利他性惩罚将会对"搭便车"者形成有效威胁，并有助于强互惠者对他人形成良好的合作预期，从而维系较高水平的社会合作。对于抑制团体中的背叛、逃避责任和"搭便车"等机会主义行为，强互惠行为提供一种强迫机制，已成为破解"社会合作何以可能"难题的一个可能突破口。

不难看出，在当今社会治理中，如果还是坚持经济人假设，秉持古典经济学对"人"的认识，那么这将极大地限制了我们的社会治理创新思维。本章将介绍强互惠理论及其现实指导意义。

第二节　强互惠理论的历史渊源

"社会合作何以可能"很早就被提了出来，新古典政治经济学家们也提出过答案，那就是时至今日仍被他们所认可的，即"看不见的手"这一市场机制（张维迎，2014）。经典作家霍布斯（1985）早就关注社会合作，他认为在自利的条件下，利益分享本身就是一种社会合作。卢梭、亚当·斯密等人的认识也都与霍布斯的看法一脉相承，都强调社会合作本身与道德因素无关。亚当·斯密（1972）指出，市场竞争这只"看不见的手"会自发引导自利的个体走向合作。这被后来研究合作问题的主流范式——非合作博弈——吸收并强化了。由于新古典经济学家们笃信亚当·斯密的"看不见的手"的教条，所以并未对合作问题给予足够重视（周业安，2017）。

冯·诺依曼和摩根斯顿（von Neuman and Morgenstern，1994）第一次运用博弈论模型解释了人与人之间的合作，让经济学家们重新关注合作问题。代表性的研究成果为"纳什均衡"（纳什，1950）。不过，梅里尔·弗勒德（Merrill Flood）和梅尔文·德雷希尔（Melvin Dresher）在1950年组织的"囚徒困境"博弈实验并不支持纳什均衡。直到20世纪70年代，博弈论与理论生物学界的学者开始在重复博弈视角下研究合作，发现在社会重复互动中，"以善报善，以恶报恶"的有条件策略可以维系合作。[①] 罗伯特·艾瑟罗德（Robert Axelrod）还组织了一场机制设计竞赛，其中最后胜

---

① 金迪斯等人在使用这一词汇时，不仅有"互惠"，还有"对等惩罚"的含义（公之水，2009）。

出的"针锋相对"（tit-for-tat）（也称"一报还一报"）策略备受关注，该条件性策略的核心思想便是互惠（reciprocity），又被称为"直接互惠"（direct reciprocity）。当然，人与人之间的互惠互利不仅仅局限于两者之间，比如人们往往还会因为"看到你送他桃子，所以我送你李子"。在这种情景下，实际上在"你"和"他"之间出现了"我"这个第三方（third-party）（或者称旁观者，by-stander），并参与了社会互动。以示区别，这里的人与人之间的互惠被称作为"第三方利他"（Trivers，1971；Alexander，1987）或者"间接互惠"（indirect reciprocity）。不过，无论是"直接互惠"还是"间接互惠"，仍在主流经济学的经济人假设的范畴①，依然强调人类的行为可能是出于个人利益的考虑，因此又被统称为"弱互惠"（weak reciprocity）。而这种"弱互惠"概念下的"亲"社会行为尚不足以解释人类社会中无亲缘（non-kin）关系人之间的合作行为。②

在刚刚过去的二十多年中，"强互惠"（strong reciprocity）概念从弱互惠中分离开来，从而为大社会中无亲缘关系的个体之间的合作提供了一个可能的解释，也成为社会科学界破解"人类社会合作何以可能"的一个可能的突破口。"强互惠"概念最早可追溯到赛提和萨曼塔（Sethi and Somanthan，1996）。他们注意到，人们在公共资源的使用过程中往往表现出一种社会规范，即，他们会惩罚那些违反社会规范的人，即使这种惩罚行为会给自己带来无法弥补的成本（引自罗小芳等，2008）。再后来，萨缪·鲍尔斯（S. Bowles）和赫伯特·金迪斯（H. Gintis）在著名的跨学科研究机构桑塔费研究院（Santa Fe

---

① 即从起源相关性和重复交互作用来进行解释。

② 汉密尔顿（Hamilton）也就人类合作提出了亲缘利他，黄真（2010）称之为亲缘互惠，并与间接互惠、利他互惠一起归为互惠的三种形式。

Institute）作了题为"强互惠的演化"（The Evolution of Strong Reciprocity）的学术性报告，该报告就是以"强互惠"来命名的，报告文稿随后正式发表在 2000 年第 1 期的《演化》（*Evolution*）上。这是"强互惠"的概念首次出现在高水平的公开刊物上，大体表示，即使无亲缘关系的社会成员都会从社会规范中受益时，一些成员可能会不惜花费个人成本惩罚破坏规范的其他成员。2002 年 7 月，还是萨缪·鲍尔斯和赫伯特·金迪斯这两位桑塔费研究院的领军人物，在德国达勒姆（Dahlem）的另一场学术研讨会上，提交了另一篇题为"人类合作的起源"（The Origins of Human Cooperation）论文，再次阐释了"强互惠"概念，并指出亲缘利他与互惠利他都不足以合理地解释人类的合作。渐渐地，"强互惠"被更多的研究者接受。随着近些年行为经济学的突飞猛进，特别是行为经济学研究方法的日新月异，学术界为强互惠理论积累了大量的行为经济学证据，强互惠理论也因此能自成体系。

第三节　强互惠的行为经济学证据

在桑塔费学派的语境中，人们喜欢合作而讨厌不合作的行为倾向，被分别定义为积极的强互惠行为和消极的强互惠行为。在有些文献中，这两种行为又被分别称为条件性合作和利他性惩罚。近二十多年来，随着经济学实验、演化仿真和脑成像等行为经济学研究方法的发展，学术界为强互惠理论系统地提供了大量的翔实证据。

一、实验室证据

正如导论一章的研究方法一节所介绍的，经济学实验凭借其较好的可控制性和可复制性，能有效地测度变量之间的因果关系，从而为强互惠理论提供了一系列极具说服力的行为方面的证据。其中，公共品实验被认为最为适合模拟人们在现实状态下的互动（Chaudhuri，2011），为此，本节着重讨论公共品实验的证据。具体而言，这些实验证据可分为下面两大类。

1. 条件性合作的实验室证据

人们对强互惠行为的研究早期是来自对最后通牒博弈实验结论的反思。在最后通牒博弈实验中，博弈双方分别被称为提议者（proposal，一般记为 P）和回应者（responder，一般记为 R）①，他们需要就如何分配某一给定数量的现金进行博弈。首先由提议者做出选择，就这笔现金提出一个分配方案，该方案然后交由回应者来选择，回应者只有两种选择，要么"接受"该方案，要么"拒绝"该方案。若回应者选择了"接受"，那么双方将按照提议者所提议的分配方案来分配这笔现金；但是，若回应者选择了"拒绝"，双方未能就如何分配这笔现金达成共识，双方的收益都将是零。按照主流经济学的博弈论的逆向归纳法，不难得到博弈的均衡结果。在一次性的最后通牒博弈中，提议者只要从这笔现金中给回应者分配一点点，回应者都应该选择"接受"而不是"拒绝"，因为若选择"拒绝"，不管提议者是否会有收入，但回应者自己肯定没有收入，换言之，只要分得的现金大于零，选择"接受"总比选择"拒绝"要好。然而，来自世界各地的大量实验

① 以示与信任博弈实验有所区别，这里称为回应者，而信任博弈实验中称为响应者。

均一致地证实，对于相对不公平的分配方案，大多数回应者都会选择"拒绝"，与主流经济学预测的并不一致；相应地，大多数提议者也都不是像主流经济学预测的那么吝啬，一般从现金中拿出40%～50%分配给回应者（Güth et al.，1982；Bolton and Zwick，1995；List and Cherry，2000），见表2－1。古斯等（Güth et al.，1982）将这一实验现象称为"最后通牒博弈悖论"。

表2－1　　　　　　　　　　15个社会证据

群体（Group）	国家（Country）	提议的分配数量（Mean offer）
秘鲁的美洲印第安人（Machiguenga）	秘鲁	0.26
哈扎人（Hadza）（大样本）	坦桑尼亚	0.40
哈扎人（Hadza）（小样本）	坦桑尼亚	0.27
提斯曼人（Tsimané）	玻利维亚	0.37
盖丘亚族人（Quichua）	厄瓜多尔	0.27
土尔扈特人（Torguud）	蒙古国	0.35
哈萨克族人（Khazax）	蒙古国	0.36
马普切人（Mapuche）	智利	0.34
奥语人（Au）	巴布亚新几内亚	0.43
格瑙语人（Gnau）	巴布亚新几内亚	0.38
蒙古语人（Sangu）（农民）	坦桑尼亚	0.41
蒙古语人（Sangu）（牧民）	坦桑尼亚	0.42
非定居的村民	津巴布韦	0.42
定居的村民	津巴布韦	0.45
阿丘雅人（Achuar）	厄瓜多尔	0.42
奥罗马人（Orma）	肯尼亚	0.44
阿彻人（Aché）	巴拉圭	0.51
拉美拉若人（Lamelara）	印度尼西亚	0.58

资料来源：来自亨里希等（Henrich et al.，2001）的15个社会的最后通牒实验证据，其中，提议者分配给回应者的现金在26%～58%之间。

除此之外，在独裁者博弈（dictator games，DG）实验、信任博弈（trust games，TG）实验、礼物交换博弈（gift exchange game，GEG）实验、公共品博弈实验中，也都得到了与主流经济学基于自利偏好假设所预测的"不一致"的结论。这些现实观察与理论预测的"不一致"引起了人们对超越自利偏好假设的研究兴趣，社会性偏好（social preference）（或称亲社会性偏好，pro-social preference；涉他偏好，other-regarding preference）等理论便应运而生。从本书掌握的资料来看，社会性偏好的进一步具体化尚存诸多争议。一些学者运用纯粹利他（pure altruism）、光热效应（warm glow）、互惠（reciprocity）、不平等厌恶（inequality averse）等行为特征来解释人们的社会性偏好（Ashley et al.，2010），或许存在因果倒置的问题。尽管如此，社会性偏好可以用来表示人类的亲社会情感，这是不存争议的。例如，菲施巴赫尔等（2001）开篇便明确提出，"一些人可能是出于上述某种形式的社会性偏好而表现为条件性合作"，从而免于陷入对社会性偏好具体形式的纠缠。① 总而言之，条件性合作可以用于概括人们在（预计）他人合作时所表现出来的愿意与他人合作的亲社会倾向。

需要强调的是，人人并非都是条件性合作者，人们的社会性偏好是异质的。菲施巴赫尔等基于泽尔滕（Selten，1967）的策略性方法，设计出的两阶段公共品实验引入了激励相容约束机制，可籍以提取人们的行为信息，进而可将被试划分为条件性合作者（conditional cooperator）、"搭便车"者（free rider）、驼峰型合作者（hump-shape cooperator）等不同社会性偏好类型的社会个体，从而开创了定量研究个体社会性偏好异质性的基本范式。在此之后，

_____

① 还有一种观点认为，条件性合作是个更为广泛的概念，不仅包括积极的强互惠，即菲施巴赫尔等（2001）语境下的条件性合作，还包括出于直接互惠、间接互惠动机表现出的合作行为（Suzuki et al.，2011）。

赫尔曼和索尼（Herrmann and Thöni，2009）、费尔和盖切特（2010）、鲁斯塔西等（Rustagi et al.，2010）、沃尔克等（Volk et al.，2012）、汪崇金等（2012）、周业安等（2013）等大量的研究，先后都基于这一基本范式，以不同经济发展水平和文化背景的社会个体为实验对象，为条件性合作提供了更有力的实验证据。[①] 相关文献及其实验结论见表 2－2（聂左玲和汪崇金，2014）。值得一提的是，聂左玲和汪崇金（2013）以中国在校大学生为被试对象，按照菲施巴赫尔等的策略性实验方法（即 P 实验）与分类方法，研究发现 5 个实验局中的 100 位被试中，条件性合作者占比为 59%，"搭便车"者占比为 15%，驼峰型合作者占比为 15%，其他类型被试的占比为 11%，见表 2－2 最后一行数据。不难看出，中国的就个体偏好类型的定量研究结论与国外相关研究的结论相似，从而进一步佐证了社会性偏好及其异质性的事实。

表 2－2　　　　　　基于策略性方法的相关研究

文献	条件性合作者（%）	"搭便车"者（%）	驼峰型合作者（%）	其他的（%）	被试群体	备注
菲施巴赫尔等（Fischbacher et al.，2001）	50.0	29.5	13.6	6.8	瑞士	
赫尔曼和索尼（Herrmann & Thöni，2009）	55.6	6.3	7.5	30.6	俄罗斯	
鲁斯塔西等（Rustagi et al.，2010）	45.65	11.49	2.95	37.70	埃塞俄比亚	两人一组

---

① 更为详细的总结参见连洪泉、周业安等的《信息公开、群体选择和公共品自愿供给》。

续表

文献	条件性合作者（%）	"搭便车"者（%）	驼峰型合作者（%）	其他的（%）	被试群体	备注
科赫等（Kocher et al., 2008）	80.6	8.3	0.0	11.1	美国	
	44.4	22.2	11.1	22.2	奥地利	
	41.7	36.1	11.1	11.1	日本	
贝兰度和瓜拉（Burlando & Guala, 2003）	76.1	8.7	6.5	8.7	意大利	将两位无条件合作者并入"其他"类
穆勒等（Muller et al., 2008）	38.3	35.0	15.0	11.7	英国	
沃尔克等（Volk et al., 2012）	58	21	3	14	欧洲	本结果为第一次实验的
索尼等（Thöni et al., 2012）	69	15	5	11	丹麦	文中分了三类，注释给予了分解
周业安等（2013）	50.0	22.9	14.0	13.1	中国	两人一组
聂左玲和汪崇金（2013）	59	15	15	11	中国	

资料来源：作者绘制。

2. 利他性惩罚的实验室证据

对于利他性惩罚的实验证据也得从"最后通牒博弈实验"谈起。按照主流经济学的博弈论分析思维，在匿名的最后通牒博弈实验中，只要分配给回应者的现金大于零，回应者都应该选择"接受"。上文已经解释过，实际上大多数提议者都是相当的大方。同样重要的另一个实验结论是，如果提议者分配给回应者的现金低于禀赋的30%时，回应者一般会选择"拒绝"，最终导致博弈双方皆为零。回应者选择"拒绝"，实际上是对提议者实施惩罚，只不过回应者自己也为此付出了代价，即为利他性惩罚。

利他性惩罚首份公共品实验证据来自费尔和盖切特（2000）。[①]他们是以现实中的一个悲剧事件开始的。在1979年"油荒"期间，卡特政府出台了一系列汽油配给与价格控制的措施，导致购油司机加油时需要排长队等候。排队的人群中常常因插队而产生斗殴、叫骂，一位乘汽车旅行的人甚至因为插队而被一位素不相识的卡车司机枪杀。这显然是一个极端案例，但现实中类似的"路见不平、拔刀相助"的行为时有发生，例如最近发生的"瓜子哥""项链姐"等事件。这些都反映了这样一种现象：人们厌恶破坏合作规范、"搭便车"等不合作行为，有时甚至不惜花费个人成本施以惩罚。费尔和盖切特（2000，2002）在无惩罚机会的实验中发现社会合作呈"退化"现象，被试对象自己的解释是，当发现他人"搭便车"时，自己非常气愤但又束手无策而只能效仿。换言之，效仿他人而选择"搭便车"是对他人不合作行为的惩罚。为了验证他们的现实观察与实验结论，费尔和盖切特（2000，2002）在标准公共品实验中新增了一个环节，允许被试之间相互监督，对"搭便车"的队友实施有成本的惩罚（下文称这一实验设计为F&G设计）。他们的实验结论证实了，很多人都愿意对他人的不合作行为实施利他性惩罚，见图2-1，验证了被试对象的解释与现实中的现象；而且在允许实施利他性惩罚的公共品实验中，公共品自愿供给合作得以维系。在随后的十多年里，博歇等

---

① 与奥斯特罗姆、沃克和加德纳（Ostrom, Walker and Gardner, 1992）的不同，他们在陌生人组（stranger-treatment）的实验中选择了随机匹配方法，也就是说，各期实验的小组成员构成不同，从而排除了被试在互动中因为直接互惠或声誉考虑而选择合作或惩罚的可能。

（Bochet et al.，2006）、卡朋特（Carpenter，2007）、宋紫峰和周业安（2011）等基于不同文化背景的被试对象，一遍遍强化了他们的乐观判断。

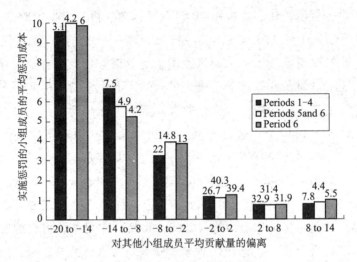

图2-1 利他性惩罚分布

资料来源：Fehr and Gächter（2002）。

二、脑科学证据

近年来，脑科学有了长足发展，从另一个角度为强互惠理论提供了新的证据。脑科学研究早已达成了这样的共识，即人类的大脑由一系列专门的模块组成，这些模块是按照早期人类所处环境的特殊需求而逐渐被塑造出来（福山，2015）。而且，近年来，脑科学家运用脑功能成像（functional neuroimaging）、功能性磁共振成像（fMRI）等技术，对人类的信任、互惠等亲社会行为背后的神经系统，进行了深入的研究，使得人们对人类自身的行为有了更全面的认识，其中不乏对强互惠行为的探索。

1. 条件性合作的脑科学解释

人脑大约由 140 亿个神经元（又称神经细胞，是构成神经系统结构和功能的基本单位）互相连接成的神经网络。图 2-2 是人脑中的基底神经节（又称基底核），是大脑皮质以下的一组神经细胞核团，它包括纹状体（striatum）、杏仁核和屏状核（带状核），而纹状体由尾核（caudate nucleus，又译为"尾状核"）、壳（putamen，又译为"壳核"）和伏隔核（nucleus accumbens，又译为"伏核"）三者构成的一个整体。[①] 纹状体形成于 7000 万年前，大

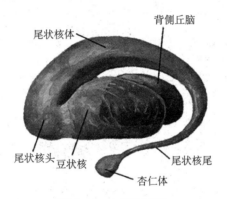

图 2-2　人脑基底核

资料来源：汪丁丁（2011）。

约有 1 亿个神经元。研究表明，它是决定人的决策行为的重要脑区，尤其是与奖赏系统有关，包括金钱回报和愉悦情绪（Schultz and Romo, 1988; Kawagoe et al., 1998; Doherty et al., 2004）。里林等（Rilling et al., 2002）基于固定匹配的重复"囚徒困境"实验（fixed matching repeated PD）研究发现，被试在与他人合作时，包括伏隔核、尾核等在内的纹状体会被激活，这说明被试从

---

① 另一种说法是，纹状体由尾核与豆状核组合而成的，其中，豆状核是由壳核（putanmen）和苍白球（globus pallidus）连接而成，因其外形近似板栗板，故称豆状核。

合作行为中获得了额外收益。

铃木等（Suzuki et al.，2011）运用功能性核磁共振成像技术，分别扫描被试决策时和观测到实验收益时的脑部成像，发现被试更愿意与"合作的"队友或"未能确定类型的"队友合作，这符合条件性合作的基本特征；被试在遇到"不合作的"队友时，其脑区右部的双侧的后颞上沟（posterior superior temporal sulcus，pSTS）、前额叶侧背部（dorsolateral prefrontal cortex，DLPFC）①（见图2-3）和颞顶交界区（temporo-parietal junction，TPJ）都更加活跃。

前额叶侧背部

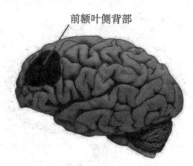

图2-3 前额叶侧背部（DLPFC）

资料来源：汪丁丁（2011）。

他们认为，选择合作本身是人们的优势反应（pre-potent response），但在遇到非合作队友时，人们自动控制这一优势反应，从而选择背叛。前额叶侧背部、双侧的后颞上沟、颞顶交界区等脑区被激活，正是这个认知抑制过程的反映。不难看出，铃木等的脑科学证据与前述的费尔和盖切特的实验证据相呼应，即在无惩罚机会的情况，合作的被试最后拒绝贡献或减少贡献，是他们对"搭便车"队友的一种惩罚。

---

① 参照汪丁丁（2011）的做法，将 dorsolateral prefrontal cortex（简称 DLPFC）译为"前额叶侧背部"。

2. 对利他性惩罚的脑科学解释

从进化论来看，人们不惜花费个人成本惩罚他人的行为，不具有生物适应性。适者生存是进化的基本原则，随后的问题是，利他性惩罚行为怎能不被淘汰呢？这也是强互惠理论必须要回答的核心问题。对此，恩斯特·费尔、塔尼亚·辛格（Tania Singer）等的脑功能神经成像研究给了更具可信性的解释。

德奎尔文（de Quervain）、费尔等（Fehr et al.，2004）发表在《科学》上的脑科学研究"利他性惩罚的神经基础"（The neural basis of altruistic punishment）显示，如果人们在被不公平地对待时，会实施利他性惩罚，而且此时大脑的纹状体背侧（dorsal striatum）的尾核会被激活。此脑区在人们抽烟时同样被激活。不难看出，他们的脑科学研究证实了，利他性惩罚行为具有自满足性，即被试从这种行为本身能够获得满足。塔尼亚·辛格是来自俄罗斯的一位非常年轻的学者，她因发现"同情心"的脑神经网络而声名鹊起（汪丁丁，2011），她是费尔的学生，和同事们于2006在《自然》上发表的文章"移情神经反应受对他人公平感的调节"（empathic neural responses are modulated by the perceived fairness of others），研究结论恰好回应了德奎尔文、费尔等的发现。

尽管如此，人脑的各个部分既有分工又有合作，人们对于脑内的合作秩序尚知之不多[1]，脑科学方面的研究依然是任重而道远。

第四节　对强互惠理论的评述

本书研究的理论起点为强互惠理论，一些介绍强互惠理论的

---

① 人类合作的扩展秩序包括三层，人脑内部合作属于其中之一（汪丁丁，2011）。

文献中（李佳等，2012），直接将强互惠归类为超越经济人假设的人类行为模式。非常遗憾的是，这是一个极富争议的话题。不过，就人性的认识犹如本书研究的阿基米德点，尽管不愿被卷入那场旷日持久的争论，但有必要阐释我们所处的立场。

一、自涉的、收入导向的"经济人"

传统的经济人假设是建立在早期还原主义心理学的分析思维之上：它相信人类的一切行为都可以被解释成为低等动物的基本反应。正是受这种思维的影响，古典经济学倾向于将具有丰富社会性的个体还原为只具有动物性本能的低能儿，这种低能儿追求的只是自身的生理需要，其行为也是源于生理的冲动（朱富强，2011）。在福山（2001）看来，"新古典主义经济学有80%是正确的，它提示了货币与市场的本质；剩下的20%，新古典主义经济学只能给出拙劣的解释"。中国学者杨春学（2005）是这样评价的，"经济人假设虽然可以给社会经济领域中广泛存在的'搭便车''囚徒困境'问题提供良好的解释，而对如何解决这类问题，只能提供不怎么样的部分答案""当我们进入那些与交易缺乏明显的、直接的联系的领域时，经济人就会终止履行经典教义的规定"。对于经济人假设在某些领域的笨拙与无能，凯恩斯方式的辩护显然是苍白无力[①]，因为经济学的分析已拓展到某些非纯市场行为！也许恰恰是对这"剩下的20%"的忽视，使得经济学在个人理性与集体理性二律背反问题上散失了发言权，而对此问题的研究却又是经济学亟需攻克的新高地。

20世纪70年代以来，随着"经济学帝国主义"的发展，"经

----

① 凯恩斯（1891）的申辩是："经济人"仅仅是对人的经济行为的一种抽象，其运用范围也严格地限于经济市场领域；一再申明经济学家并没有假装这一抽象及其运用，适用于对"非追求财富行为进行解释"。

济人", 带着某种复仇的心情复活了（Bowles and Gintis，1993）。自然的，在这种复活中，他本身也做了某些拓展，使自己适应更广泛的分析领域（杨春学，2005）。在现代经济学中，说"经济人是自利的"，仅仅是就使"偏好函数最大化"而言的。至于偏好函数的具体内容，并没有特别的规定，可以根据所需分析的特定对象，做出重新解释。例如，能给"经济人"带来"效用"的所有事物，如声誉、权利、友谊、爱情、自我表现、尊敬、他人的福利等，都可以纳入其偏好函数（杨春学，2005）。

　　从某种意义上讲，无论是哪种形式的互惠，都可以纳入经济学帝国主义的领域。具体而言，亲缘互惠存在于亲属之间，并且与亲近程度成正比，可以基于自私基因来解释。直接互惠、间接互惠是指一种非亲缘关系人群之间的两个或两个以上人，因为他们能同时获得合作所带来的更高利益而建立互助合作关系，应该说，直接互惠、间接互惠均无须拓展经济人假设。例如，诺瓦克和西格蒙德（Nowak and Sigmund，1998）[1] 建立的基于声誉策略的间接互惠模型中，个人的声誉最终转化收益（即生物学中适应性）。强互惠确实相对复杂，但我们可以通过拓展"经济人"的"效用"，使得"经济人"不仅关注自己的福利，还关注他人的福利，强互惠行为即可以得到解释，例如上文中费尔和施密特（Fehr and Schmidt，1999）的不平等厌恶模型。但是，无论是不平等厌恶模型、公平动机模型，还是其他的社会性偏好模型，确实有不同于弱互惠的逻辑基础。难怪杨春学（2005）在解释纳入"对他人福利的关注"的个人效用函数时，强调的只是血亲或互惠机制的行为，并不包括本书中的强互惠行为，他把源于纯粹的道德感、正义感或纯粹利他主义的行为，归为经济人模式无法解释的行为。

――――――――――

　　[1] Suzuki S.，K. Niki et al.（2011）. "Neural basis of conditional cooperation." 一文也有介绍。

本书也非常认可将纯粹利他主义的行为归为经济人模式无法解释的做法，但是，由正义感触发的涉他行为还是可以纳入经济人假设。因为按照经济学帝国主义的思路，将人们对公平、正义的追求纳入个人的效用函数并不存在任何逻辑上的障碍；而且，从神经元经济学的证据来看，人们为了追求公平待遇，花费个人成本，就如同消费一般性商品一样，获得愉悦。

毫无疑问，强互惠行为确实超越了传统的自涉的、收入导向的偏好形式。但是，判断强互惠是否超越经济人假设的人类行为模式，关键的问题是看我们给经济人假设所界定的口径大小。

二、强互惠行为的异质性

从主流经济学对经济人行为的假定中可以推出经济人是同质的，即经济主体在行为动机方面都遵守自利与最大化、具有相同的偏好结构、有相同的要素投入与报酬等（赵宝廷，2009）。国内外众多学者（阿罗，1992；刘洪军，2002；张晓晶，2003；卿志琼，2006；等等）均对此提出质疑。国内学者刘洪军（2002）指出，同质性假设忽略了人的社会性存在，以及在社会互动作用的关系中人的复杂动机及其多样化行为。拓展个人"效用"的努力不仅部分地回答了经济人"只注重人的'低级'需要——物质层面的满足"批判（Thaler，1999；卢茨和勒克斯，2003），同时还让"经济人"回归到社会现实中。社会中的任何人都不是孤岛上的鲁宾逊，几乎所有的生产、生活都需要与他人的互动。进一步，人们基于社会互动产生了一定的社会性情感。而人由于遗传基因、教育和环境等因素的差异，人的素质进而人的能力（或智力）是不同的，即使在相同的社会影响和制度约束下，人的社会性情感也是不同的，即人的社会性是异质的（刘海生，2003）。其实，对于人的社会性异质性的认识与"有限理性"理论是一致的。只有认识到人性的异质性，才能使得经济学关于人性的假设越来越丰满，也越来越接近现实。

强互惠理论强调了人的异质性，以条件性合作为例。菲施巴赫尔等（2001）发现，50%的被试为条件性合作者，30%的被试为"搭便车"者，其他被试的选择相对异常。在库兹班和豪泽（Kurzban and Houser，2005）的实验中，20%的被试为"搭便车"者，13%的被试为合作者，63%的被试为互惠者，即贡献量与他人贡献量相关，还有3位被试无法归入上述三类。菲施巴赫尔和盖切特（Fischbacher and Gächter，2010）实验证明，人们在互动中的行为也表现为异质性。索尼等（2012）运用iLEE实验平台，按照丹麦18~80岁人群的结构特征，随机抽样地招募了1488名被试，从而保证了实验对象的代表性，而这对于异质性的分析尤为重要。在他们的策略性方法实验中，15%的被试为"搭便车"者；69%的被试为条件性合作者；其他的16%属于无法归类的那一种。

总而言之，我们应该在更高的层面认识经济人假设，甚至可以怀疑，传统的经济人假设可能只是我们一直要积极探索的、能够全面囊括人类行为机理的某个"假设"在某种情境下的一个特例。这种猜想并非毫无根据，经济人假设的思想渊源是亚当·斯密的《国富论》，而实际上，亚当·斯密在另一部著作《道德情操论》中，把人的行为溯源于人性中同情的原则，而且后者比前者几乎早了20年。毫无疑问，亚当·斯密不应该被怀疑忽视了在人际交往中发挥重要作用的社会性，反而，他可能认识到，对于别人的关注最终会被有效的市场竞争所抵消。亚当·斯密的直觉已得到一些实验结论的支持：在赠予实验（分配实验）中，当回应者只有一个而提议者有多个的情况下，在博弈重复几个回合后，回应者便可获得了较大的分配份额（Roth et al.，1991）；不过，若提议者也只有一个的情况下，最终的分配方案则较为公平

（Güth et al.，1982）。这也许正好能够解释，为什么古典经济学的经济人假设在对市场行为分析时能够游刃有余，而在公共经济学领域一些重大问题上则显得相当笨拙，这可能是因为在公共事务中，每个参与主体都在公共利益下维系在一起，任何一方的退出都有可能使公共利益难以实现。正是这样的社会实践为公民带来对于合作价值的体验，对背叛带来的惩罚的担心，对如何在交往中实现利益的认知等，最终形成公民互惠合作体系。

第三章　对强互惠理论的质疑

第一节　引　言

人类正在走向后工业社会，面对后工业化的现实，我们需要基于人类群体活动中的合作行为模式去进行制度设计和社会治理创新。第二章梳理了近几十年来经济学实验与脑科学研究成果，告诉我们这么一个现实：人与生俱来就具有与他人合作的倾向，并愿意花费个人成本去维护群体中的伦理规范。也许正因如此，人类才能维持比其他物种更高度的合作关系。

不过，强互惠理论毕竟是新近才发展起来的新理论，学术界尚有诸多质疑，对社会实践的指导潜力也尚待挖掘。鉴于此，本章回顾了近年来强互惠理论研究的最新进展，回答了若干质疑。这些质疑主要包括社会性偏好是否稳定可靠？私人惩罚能否足够有效？利他性惩罚存否现实证据？籍此述评，进一步认识强互惠理论。

第二节　社会性偏好类型是否稳定可靠

偏好稳定性假设是经济学分析的基本前提之一（Becker，

1976），直接关系到强互惠理论是否可用于对尚未观察到的现象作出合理的、有意义的，而不是老生常谈的预测。早前的一种思路是，在自利偏好模型中引入利他、不公平厌恶等来描述个体的实验行为，通过比较个体的效用函数及其参数来判断个体社会性偏好的稳定性（Fisman et al.，2007；Blanco et al.，2011）；新近兴起的另一种思路是，检验个体在多个连续或跨期的实验中的行为是否一致，进而判断个体社会性偏好的稳定性。按照检验内容的不同，这些研究大致可分为下面三个方面。

一、社会性偏好类型的稳定性检验

与传统经济学自利偏好的同质性假设不同，社会性偏好理论承认个体社会性的差异，强调个体社会性偏好的异质性。菲施巴赫尔等（2001）基于泽尔滕（1967）的策略性方法设计出一个两阶段公共品实验，通过激励相容约束机制，在给定他人公共品贡献量信息的情况下，让被试选择自己的公共品贡献量，并据此将被试分为"搭便车"者、条件性合作者、驼峰型合作者等类型，首次定量分析了个体的社会性偏好异质性。此后，一些学者开始运用该实验设计，就个体社会性偏好类型的稳定性展开研究，这些研究可进一步细分为两小类。

第一类是基于相同的实验，考察个体社会性偏好类型在不同时期的稳定性，即纵向稳定性。[1] 例如，穆勒等（Muller et al.，2008）在同一个实验局中，连续开展了五个两阶段公共品实验。他们发现，尽管被试在重复进行的实验中，不断地更新自己对他人合作的预期，并调整自己的公共品贡献量，但整体而言，个体

---

[1] 就横向稳定性与纵向稳定性的划分，本章参照了沃尔克等（Volk et al.，2011）的提法。

社会性偏好类型分布相当稳定。沃尔克等（Volk et al.，2011）将三个两阶段公共品实验的间隔时间拉长至两个半月，得到了与穆勒等较为一致的结论：从个体层面来看，一半的被试在全部的三个实验中表现出相同的社会性偏好类型，2/3 的被试在其中的两个实验中表现出相同的社会性偏好类型；从整体层面来看，不同实验中个体社会性偏好类型分布是基本稳定的。沃尔克等还结合"大五"人格模型，进一步探析了个体社会性偏好稳定性的心理基础。他们发现，五大特质因素中的亲和性（agreeableness）能够解释个体社会性偏好的稳定性。亲和性得分越高的被试更有可能是稳定的条件性合作者，得分越低的被试更有可能是稳定的"搭便车"者。

第二类是在同一个实验局中设有多个不同的实验，判断个体社会性偏好在这些不同实验中的稳定性，即横向稳定性。菲施巴赫尔和盖切特（2012）、汪崇金等（2012）发现，被试在两阶段公共品实验中表现出的合作意愿，可用于解释他们在重复多期的标准公共品实验中的供给行为，从而在宏观层面上证实，被试在不同情境中的合作偏好是稳定的。菲施巴赫尔等（2012）还进一步指出，无论是从单个被试的偏好类型来看，还是从全部被试的偏好类型分布来看，被试在两阶段公共品实验中的合作意愿与在重复多期的标准公共品实验中的投资行为是基本一致的，再次证明了个体社会性偏好的横向稳定性。聂左玲和汪崇金（2013）不仅运用策略性方法获取了个体的公共品自愿供给意愿，同时，运用直接回应方法（即重复 10 期的标准线性公共品实验，即 C 实验）获取了个体真实的贡献量。分类汇总后的结果分别用图 3-1 中标识为空心小圆圈（OLS1-5）和空心小三角（OLS6-10）的虚线所示。从中不难看出，个体在两种方法下的公共品投资行为是基本一致的。

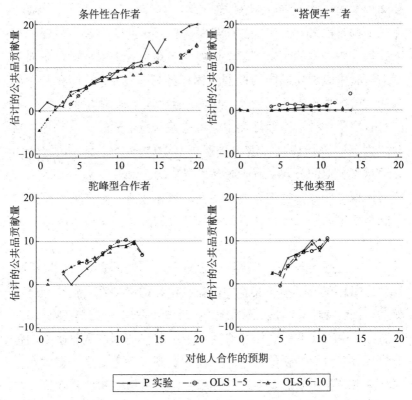

图3-1 不同社会性偏好类型个体的公共品供给估计

资料来源：聂左玲和汪崇金（2013）。

当然，我们在看到公共品实验研究结论支持个体社会性偏好稳定性的同时，也应该关注来自其他实验研究的不同结论。例如，布罗西希等（Brosig et al.，2007）基于重复三次的跨期（至少相隔1个月）"囚徒困境"博弈实验表明，被试在重复进行的相同实验中的行为选择并不一致，在第一次实验中表现出更大的合作倾向，而随着实验的重复进行，合作倾向呈退化走势，合作偏好缺乏稳定性。

二、个体社会性偏好在实验内外的稳定性检验

尽管实验室实验具有较好的可控制性和可重复性，从而可以有效地测度变量之间的因果关系，但是，实验室实验毕竟不同于社会现实，实验室实验测得的个体社会性偏好真能解释他们在现实生活中行为选择吗？对这个问题的回答不仅涉及个体社会性偏好在实验内外的稳定性，同时还关乎实验研究的外部有效性。

从现有文献来看，我们得到的结论是肯定性的。例如，费尔和莱布布兰特（Fehr and Leibbrandt，2011）注意到，巴西的捕虾人使用大塑料桶状的装置来捕虾，他们一般会在捕虾装置上留个小孔以放走小虾。在捕虾装置上究竟留多大的孔，这类似于一个社会困境。留大孔放走小虾，不涸泽而渔，损失了个人利益，但增加了他人的未来利益；反之则反。在费尔和莱布布兰特看来，捕虾者所留孔的大小一定程度上反映了其合作倾向的强弱。不出所料，他们发现，在自己装置上留的孔越大的捕虾人，在公共品实验中投向公共账户中的贡献量往往也越多。这说明这些捕虾人在实验内外表现出了一致的合作倾向。

又如，德奥利维拉等（De Oliveira et al.，2011）以城市低收入居民为被试对象，开展了一个公共品实验和三个捐献实验，并对被试在日常生活中的捐献情况进行了问卷调查。其中，公共品实验为实验室实验，捐献实验为现场实验。他们发现，被试在公共品实验、捐献实验以及日常生活中表现出了较为一致的合作偏好。劳瑞和泰勒（Laury and Taylor，2008）的实验设计与德奥利维拉等的大致相同，即对个体在自然发生（naturally-occurring）情境（类似于现场实验）和在与情境无关环境（context-free environ-ment）（即实验室实验）中的利他倾向进行比对，他们也发现，个体在两种情境中的利他倾向是基本一致的。

三、条件性合作与利他性惩罚的一致性检验

从强互惠的定义来看，强互惠行为有积极的与消极的之分，从理论上讲，两种形式的强互惠行为是个体在不同情境中的不同反应，在他人合作时表现出条件性合作倾向，而在他人背叛时则表现出利他性惩罚倾向。不过，学术界对条件性合作与利他性惩罚是否一致尚未形成定论。

持否定态度的研究有山岸等（Yamagishi et al.，2012）、埃格洛夫等（Egloff et al.，2013）。山岸等比较了个体在最后通牒实验中的利他性惩罚与在独裁者实验、信任实验等中的条件性合作。他们的分析表明，个体在不同情境下的条件性合作与利他性惩罚并不存在显著相关性，从而拒绝了强互惠行为两个方面具有一致性的假设。在埃格洛夫等看来，山岸等的样本数据（N = 86）不够大，可能导致研究结论不够稳健，因此，他们改用德国社会经济面板（the socio-economic panel）数据，其中涉及衡量个体积极的强互惠与消极的强互惠的自评数据。尽管如此，他们还是得出了与山岸等基本一致的结论，积极的强互惠与消极的强互惠之间无明显相关性，相关系数仅为 0.002。

不过，另一些研究则持肯定态度。例如，李和山岸（Li and Yamagishi，2014）从社会上招募了 182 名被试对象，对比了他们在"囚徒困境"博弈中的合作行为与在第三方惩罚实验中的惩罚行为，发现两者存在正相关性，佐证了两种强互惠行为一致性的假设。鲁斯塔西等（2010）从埃塞俄比亚 49 个森林使用者团体（forest user groups）中招募了 679 名居民参与公共品实验，分析了他们在实验中表现出的社会性偏好类型与其在现实生活中用于监管共有森林的时间之间的关系。他们的研究发现，在各类偏好类型的被试中，条件性合作者花费的时间最多，平均每月为 32 个小

时，是"搭便车"者的1.5倍；而且，条件性合作者占比例越多的小组，他们用于监管共有森林的时间之和也越大。对共有森林的监管以防止盗砍盗伐，个体花费自己时间成本，但使整个团体收益，这类似于实验中的利他性惩罚。不难看出，鲁斯塔西等的研究支持了强互惠行为两个方面的一致性的假设。

　　综合来看，就个体的社会性偏好稳定性而言，学术界的共识远远大于分歧。但要注意的是，这样的共识并非认可个体策略是机械的。实际上，个体往往倾向于使用经验法则——拇指规则（rules of thumb），即在新的情景中恰当应对，从而得到较好的结果（奥斯特罗姆，2010）。这一点不仅在检验社会性偏好类型稳定性的文献中得到体现，而且，德奥利维拉等、劳瑞和泰勒也都给予了专门的注释。正如德奥利维拉等强调的，只有正确认识到这一点，我们才能够正确地运用经济学实验方法对现实中的社会政策进行分析和模拟。

第三节　私人惩罚能否足够有效

　　尽管大量的公共品实验都在讲述着相同的乐观故事，但是就反社会惩罚的研究正逐渐凝聚成一股力量，让人们重新审视利他性惩罚能够维系社会合作的乐观判断。在允许私人间相互惩罚的情景中，惩罚不仅会针对"搭便车"者，还可能针对合作者，如报复性的惩罚、居心叵测的惩罚等。针对合作者的惩罚显然不利于维系社会合作规范，因此又被称为"反社会惩罚"（anti-social punishment）。反社会惩罚与利他性惩罚同属于私人惩罚的范畴，犹如孪生兄弟，相伴左右。在早期以工业化国家个体为被试对象的研究中，反社会惩罚并不明显，因此未引起足够重视，而仅仅作为一个脚注，一提而过。正是因为对反社会惩罚的轻描淡写，利他性惩罚实验研究的生态有效性（ecological validity）不断遭到质疑。近年来，随着研究的推进，学术界重新审视反社会惩罚对社会合作的消极影响，进一步拓展了利他性惩罚实验研究的生态有效性，还与演化博弈分析相辅相成，得到了不利于强互惠理论的强有力的证据，并触发新的研究热点。

一、实验中的反社会惩罚

近年来，反社会惩罚及其对公共品合作的消极影响引起了学者们的广泛关注。尽管奥斯特罗姆等（Ostrom et al.，1992）、费尔和盖切特（2002）早已注意到，在允许私人惩罚的实验中，公共品贡献量比较大的被试也常常被惩罚，但在以西方工业化国家的群体为被试对象的实验中，这些反社会惩罚对公共品自愿供给合作的影响并不明显，也就没有引起足够的重视。直到最近，人们才开始在跨文化研究中注意到反社会惩罚对社会合作的消极影响。一种比较流行的观点认为，西方工业化社会群体可能具有"WEIRD"① 特征（Henrich et al.，2008；Henrich et al.，2010；周晔馨等，2014），在以他们为被试对象的实验中，利他性惩罚对公共品自愿供给合作的影响可能被高估。例如，赫尔曼等（2008）的研究显示，在 16 个来自不同文化和经济发展水平国家的被试群体中，反社会惩罚存在显著的差异；而且，在反社会惩罚水平越高的群体中，实验首期的公共品贡献量越低，贡献量较低的被试在被罚之后增加的贡献量越小，私人惩罚对合作水平的影响效果

---

① WEIRD 为"Western, Educated, Industrialized, Rich, Democratic"五个词首字母的缩写。

越不明显。更值得一提的是，盖切特和赫尔曼（Gächter and Herrmann，2011）在瑞士和俄罗斯先后开展了两个完全相同的公共品实验，私人惩罚在来自瑞士的被试间维持了较高水平的合作，而在俄罗斯的被试间未能改善合作。他们指出，反社会惩罚是一种不可忽视的现象。

另外，得出乐观判断的实验均是基于单边惩罚设计，反社会惩罚的消极影响被大打折扣，而在新近发展起来的双边惩罚实验中，反社会惩罚对合作的破坏力得以凸显。在单边惩罚实验中，个体只知晓自己被惩罚的点数，不知晓惩罚源自何方，更不可对惩罚过自己的个体实施报复性惩罚。反观现实，针锋相对的报复性惩罚相当普遍，单边惩罚设计事先排除了报复性惩罚，显然是不符合现实的。为此，德南特-博蒙特等（Denant-Boemont et al.，2007）、尼基福拉基斯（2008）将单边惩罚拓展为双边惩罚：实验中，个体不仅知晓自己被惩罚的数量，而且知晓惩罚源自哪位队友，并有机会在下一轮惩罚中对其实施惩罚。他们的双边惩罚实验均显示，出于对被报复的担心，被试普遍减少了对不合作者的利他性惩罚；而且，公共品供给水平与标准公共品实验的一样，呈不断退化趋势。也就是说，当存在报复性惩罚时，利他性惩罚的威胁不可置信，利他性惩罚不再能维系公共品自愿供给合作。尼基福拉基斯（2011）还证实，在重复多期的双边惩罚实验中，私人惩罚可能引发个体间的"世仇"，甚至成为合作的最大障碍。不难看出，反社会惩罚重新诠释了利他性惩罚对社会合作的影响效果。

二、纳入反社会惩罚的演化博弈分析

反社会惩罚在实验研究领域掀起波澜的同时，演化博弈研究领域的学者们也给予跟进。与单边惩罚实验一样，早期的演化博弈分析事先排除了反社会惩罚，并得到了与单边惩罚实验一样的乐观结论（Bowles and Gintis, 2003; Boyd et al., 2003; Gintis, 2000; Sigmund et al., 2010, Traulsen et al., 2009）。不过，最近的一些演化博弈模型，如詹森和布希曼（Janssen and Bushman, 2008）、兰德等（Rand et al., 2010）都纳入了反社会惩罚（包括报复性惩罚），并得到了与双边惩罚实验一致的结论。具体而言，詹森和布希曼在基于群际冲突的模型中加入报复机会，他们的推演显示，当存在报复机会时，惩罚他人的合作者不仅承担着惩罚成本，而且面临着被报复的风险，因此，第二轮"搭便车"问题变得更为突出，合作和利他性惩罚不会在大规模群体中演化。兰德等在基于空间结构的模型中引入反社会惩罚，他们也发现，利他性惩罚与反社会惩罚的效果相互抵消，惩罚不再能够维系合作，全局稳定的唯一策略是，背叛且惩罚合作者。

再来看基于公共品博弈的演化博弈模型。从发展的脉络看，这些博弈分析也在叙述着与实验研究的相同故事。早期的研究表明，在标准的公共品博弈中，背叛者可以侵入合作者群体，不合群者能够侵入背叛者群体[1]，合作者则可侵入不合群者群体（Hauert et al., 2002），从而形成"剪刀—石头—布"式的循环。而在允许合作者惩罚"搭便车"者的公共品博弈中，上述循环就被打破，合作变得稳定（Hauert et al., 2007）。但是，当惩罚不限于指向"搭便车"者时，惩罚不仅可以防止背叛者侵入合作者群体，同样地，惩罚也可以防止不合群者侵入背叛者群体，以及合作者侵入不合群者群体，合作规范无法得以演化。

总而言之，纳入反社会惩罚的演化博弈分析显示，利他性惩罚促进合作的效果不再明显。这与考虑了反社会惩罚的实验研究

---

[1] 不合群者是指，实验中不参与公共品博弈而直接领走固定收益的个体。

结论遥相呼应，对强互惠理论形成巨大的挑战。

三、利他性惩罚促进合作效果的私人强化

就私人惩罚对公共品合作的实验研究与博弈分析来看，我们的研究似乎又回到了原点，应验了霍布斯、洛克等先哲的预言。如果允许私人间相互惩罚，人人都将是自然法的"执行官"，纠纷往往找不到妥当的解决方案，反而恶化成一场又一场的战争。然而，从经验性资料来看，没有公共权力的地方并不一定只有混乱。为此，一些学者尝试着在无外在权威干预的背景下探寻利他性惩罚的强化机制。

德南特-博蒙特等（2007）、森亚布古马等（2006）较早地在此方面做过尝试，他们通过扩大信息发布对象的范围，让其他队友也成为"执行官"，在多轮次惩罚框架下验证利他性惩罚、反社会惩罚对公共品自愿供给合作的影响。德南特-博蒙特等注意到，在双边惩罚实验的第一轮惩罚阶段，一些人可能出于"搭便车"的动机或对被报复的担心，不会对公共品自愿贡献阶段的"搭便车"者实施应有的惩罚，这种"应罚而未罚"也是"搭便车"行为，即"二阶"搭便车"问题"，同样可能引起其他队友的不满，并会招致他在第二轮的惩罚。对"应罚而未罚"的队友实施的惩罚显然有利于正确使用惩罚机会，从而促进合作，德南特-博蒙特等称为"惩罚强化"（sanction enforcement）。为了考察惩罚强化对公共品自愿供给合作的影响，他们设计了两种可能存在惩罚强化的实验设计："无报复"实验和"全部信息"实验。结论显示，公共品贡献量并未随实验的重复进行而下降，从而证实了惩罚强化的效果明显存在。森亚布古马等（Cinyabuguma et al.，2006）稍早一点的实验，实际上是这里的"全部信息"实验。他们的实验结论也显示，尽管在第二轮惩罚中依然存在反社会惩罚，但出

于对在第二轮被惩罚的担心，第一轮惩罚中的反社会惩罚明显减少，而且相对于单边惩罚实验而言，公共品自愿供给水平有所提高。这与德南特-博蒙特等的结论是一致的。

鬼井和普特曼（Kamei and Putterman，2013）则进一步将惩罚强化细化为两类：第一类是上述针对"应罚而未罚"的队友的惩罚，即"对不作为的惩罚强化"（sanction enforcement for omission）；第二类是针对"不应罚而施罚"的队友的惩罚，即"对错误行为的惩罚强化"（sanction enforcement for commission）。他们一系列的实验结论显示，在向更多人公开信息或公开更多信息的时候，第二轮惩罚更明确地指向第一轮惩罚中的反社会惩罚而非利他性惩罚，公共品自愿供给合作能够得以维系。他们认为，人们担心自己在对队友实施了不合理惩罚时会遭到旁观者的不满，这可能起到了重要作用，也就是说"对错误行为的惩罚强化"会发挥作用；而且更多的信息公开也让个体更容易就"应该惩罚谁"达成共识，从而有效减少反社会惩罚。

不难看出，随着实验研究的发展，人们对利他性惩罚的理解逐步推进，其过程可谓一波三折。令人欣慰的是，基于多轮次惩罚的实验研究显示，在引入旁观者的时候，反社会惩罚能够得以有效抑制，自愿合作无须外在权威干预也能得以实现，这为利他性惩罚促进合作提供了新的有利证据。诚然，我们也得清醒地认识到，新近的拓展研究才刚刚开始，这些乐观结论仍有待于跨文化研究的进一步检验。

第四节 利他性惩罚是否存在现实证据

西班牙青年学者瓜拉在一篇综述性文章中（Guala，2012）详细梳理了强互惠理论支持者们所列举的利他性惩罚的现实证据，并提出这些证据难以符合利他性的特征，尚不足以支撑强互惠理论。瓜拉对利他性惩罚现实证据的质疑，引发了学术界对利他性惩罚的大讨论，该领域的诸多著名学者，如塞缪尔·鲍尔斯（Samuel Bowles）、罗伯特·博伊德（Robert Boyd）、赫伯特·金迪斯（Herbert Gintis）、恩斯特·费尔（Ernst Fehr）、埃莉诺·奥斯特罗姆（Elinor Ostrom）、尼科斯·尼基福拉基斯（Nikos Niki-forakis）等也都涉入。《行为与脑科学》（*Behavioral and Brain Sciences*）杂志在 2012 年第 1 期，收录了瓜拉对强互惠理论质疑的文章，以及其他支持或反对瓜拉质疑的文章。下面就争论的主要观点作一简要介绍。

一、质疑

强互惠理论的支持者们相信利他性惩罚实验解释了小型的、主张人人平等的社会中的合作（Bowles and Gintis，2002；Richerson and Boyed，2005），但在瓜拉看来，事情并不是这么简单。首先，瓜拉指出，在小型社会中，成员间的交往一般是不定期的重复博弈，即使我们看到存在一笔惩罚成本，但很难肯定该项成本在未来得不到回报，与惩罚相关的直接收益很可能在随后体现出来。在瓜拉看来，小型社会中的合作并不是用于检验强互惠理论的很好案例，强互惠理论的支持者们所声称的证据自然就没有说服力了。

其次，瓜拉还进一步指出，能够支持利他性惩罚的现实证据并不多，强互惠理论仍缺乏有效的社会学证据。瓜拉详细梳理了有关社会规范违规与惩罚的人种学研究成果，重新审视了强互惠理论支持者所声称的人种学证据，并指出现实中一些惩罚是无须惩罚者支付成本的，而另一些所谓的高成本惩罚（costly punishment），往往是由集体完成的，惩罚成本为所有成员公摊，这些都与实验中的利他性惩罚不一致，不可认定为利他性惩罚的现实证据。

瓜拉对利他性惩罚现实证据的质疑得到诸多学者的支持。例如，古尼和纽厄尔（Güney and Newell，2012）就明确指出，在利他性惩罚实验中，被试只要经过简单操作而无须付出"真实努力"，就可获得一笔收入，这无异于一笔"意外之财"。而利他性惩罚实验描述的"意外之财"很难代表普遍的现实情况，利他性惩罚在现实中能够维系合作的判断也因此是不靠谱的。

二、回应

对于瓜拉等就利他性惩罚现实证据的质疑，有些学者并不认同。例如，范伯格等（Feinberg et al.，2012）指出，说他人的闲话（gossip）是需要支付成本的，而瓜拉在论证过程中将其归类为无成本的惩罚是不妥当的；范伯格等（2011）还证明了，驱使人们说闲话的社会心理学动力（social psychological dynamics）与实验研究所证明的驱使利他性惩罚的动机是高度一致的，两者都是源自负面情感反应。亚当斯和马伦（Adams and Mullen，2012）则更直接地指出，瓜拉对成本的定义过于狭窄，实际上，成本不仅包括损失的物质资源，还包括社会地位的下降、身心健康（psychological well-being）的伤害。他们认为，在现实世界寻找利他性惩罚的证据时，需要考虑到带有这些成本的惩罚。卡萨里（Casari，2012）则旁征博引，列举了大量有关利他性惩罚的趣闻轶事。

对于瓜拉等的质疑，另有一些学者是认同的，但并不因此而否认利他性惩罚实验的现实意义，因为现实生活中缺乏利他性惩罚证据是有一定的必然性。首先，在均衡状态下，无须对他人实施惩罚，因此，在日常生活中很难观测到利他性惩罚（Johnson，2012；Gächter，2012）；其次，出于对报复的担心，具有较高认知能力的人类很少使用惩罚这个手段，而是使用有利于减少报复的其他方法（Binmore，2005；Ross，2006）；再次，现实生活的不确定性也可能导致利他性惩罚很少发生（Bereby-Meyer，2012；Gehrig et al.，2007）。贝雷比-迈耶（Bereby-Meyer，2012）、尼基福拉基斯（2012）还进一步指出，尽管缺乏利他性惩罚的现实证据，但这并不能否定利他性惩罚在一次性交往中的作用，也不意味着实验研究的结果不能解释现实世界的互惠行为。金迪斯和费尔（Gintis and Fehr，2012）则更为乐观，他们指出，如果真如瓜拉等质疑的那样，在真实世界很少观测到高成本惩罚，观察到的惩罚一般并不十分严厉，那么这些惩罚与强互惠模型并无矛盾，反而为强互惠模型增加了一个有趣的维度。

三、发展

对于利他性惩罚是否存在现实证据的质疑是强互惠理论绕不过的坎。近年来，一些实验研究突破了传统实验室实验的局限，为利他性惩罚实验提供了更为可信的证据，这无疑有利于化解挑战、消弭分歧。

首先，新近发展起来的自然现场实验为利他性惩罚实验研究提供了新的平台。在哈里森和李（Harrison and Li，2004）看来，理想的实验状态应该是，实验对象并未察觉到他们正在参与实验，而是按照他们在日常生活中的行为方式来行事。在这种理想状态下的实验即为自然现场实验（natural field experiment）。为此，巴拉夫塔斯和尼基福拉基斯（Balafoutas and Nikiforakis，2012）在希腊雅典的一个地铁站，组织了一个有关利他性惩罚的自然现场实验。那里的人们能够很好地遵守不乱丢垃圾、上电梯时靠右站立等公共规则，而实验者故意破坏这些规则，并观察路人对他们的违规行为的反应。实验结论显示，在 300 次的违规行为中，有 35 次遭到路人的指责，这种指责他人的利他性惩罚是显著存在的。他们的自然现场实验结论与以往的实验研究结论是一致的，证明了利他性惩罚的普遍存在。

其次，还有一些研究尝试着运用实验观察解释个体的现实行为，以判断个体的行为选择在实验内外是否一致，这也在一定程度上增加了利他性惩罚实验研究结论的可信性。例如，斯米尔诺夫等（Smirnov et al.，2010）具有惩罚机会的公共品实验表明，相对于其他被试而言，自认为是党派坚定支持者（partisans）的被试表现出更明显的合作与利他性惩罚倾向。[①] 不难看出，这些研究不仅证明个体社会性偏好的稳定性，同时也证实了利他性惩罚实验结论的可信性。

总而言之，个体间的私人惩罚自古有之，所谓的"路见不平，拔刀相助"的壮举在现实中也不少见，但是，由于现实中有很多不易区分的因素以及衡量上的局限，很难厘清惩罚的心理动机。即使是新近的自然现场实验证据，我们也很难绝对地排除惩罚他人不是出于自利之心。正是由于现实生活的复杂性，才使利他性惩罚现实证据难以确定，这是分歧产生的根本原因。尽管如此，经济学实验作为一个工具，为研究者分析和洞悉社会合作情境中参与者的行为选择与心理动机提供了大量证据，功不可没。

---

① 党派坚定支持者常常为政党事务付出大量的时间和精力，但是，他们付出努力而在政治上获得的受益往往是非排他性的，因此，党派坚定支持者积极参与政党事务的行为可看作积极的强互惠行为。

第五节 简评：强互惠理论及其价值

一、利他性惩罚缺乏终极解释

对于行为或特性一般有邻近的解释（proximate explanation）和终极的解释（ultimate explanation）之分（Mayr，1961），从现有文献来看，利他性惩罚仍缺乏终极的解释。在得不到物质补偿的情况下，人们为什么肯不惜花费个人成本去惩罚那些违反者？如何解释这种行为是强互惠理论最为核心的内容。支持者避开了策略性考虑和触发行为的自动机制，而是通过情感、内在化的标准、社会性偏好等给予了解释。例如，费尔和盖切特（2002）认为，个体之所以愿意惩罚那些"搭便车"者，是因为"搭便车"行为给他们带来了负面情感；桑费等（Sanfey et al.，2002）则指出，个体在遭遇不公正后的消极的冲动反应（impulsive negative reaction）；而德奎尔文等（De Quervain et al.，2004）运用脑部成像技术，通过比较被试在不同实验情境下脑部活跃程度，发现个体实施利他性惩罚是因为他们会从惩罚的过程中获得满足。不过，支持者们只是回答了惩罚行为的因果机制（causal mechanism），即"怎么样的问题"（how questions），这仅是邻近解释。

利他性惩罚还应该有终极的解释。终极的解释是关于行为的适应性结果（fitness consequences），即"为什么的问题"（why questions），这是演化生物学所要解决的问题。尽管支持者们构建了大量具有利他性惩罚的演化模型，并证明了利他性惩罚能够维系合作。不过，这些演化模型仍称不上是利他性惩罚的终极的解释。首先，正如前文所述，一些演化博弈分析得出了利他性惩罚能够维系合作的结论，是因为事先排除了反社会惩罚。其次，另一些演化博弈分析也得到了较为乐观的结论，但这些模型假设群体成员是有限分散的，群体成员间存在显著的相关性，与群体增大（group augmentation）模型相似，强调合作行为会增加行为者自己所在群体的生产力、降低其灭绝风险（West et al.，2011），从而给行为者带来直接的收益。按照汉密尔顿（Hamilton，1964）的分类，能给行为者带来直接收益的，并非个体适应性意义上的利他。换言之，在这些模型中，惩罚成本必然在某些地方得到补偿，或者被某些可行的限定条件所抵消，并非真正意义上的利他性惩罚（Henrich and Chudek，2012）。

总而言之，现有研究仅从因果机制方面解释了利他性惩罚，还没有回答驱使这种行为的心理或神经系统是如何进化而成的（West et al.，2011；Dos Santos and Wedekind，2012；Barclay，2012；韦倩和姜树广，2013）。正如卢梭在《论人类不平等的起源和基础》序言中所言，"人类的各种知识中最不完备的，就是关于'人'的知识"。再加上现实中有很多不好区分的因素以及衡量上的局限，实验研究也难当厘清行为动机的重任。如何在理论上实现突破，为利他性惩罚行为提供终极的解释，这仍是一个有待探索的重大理论问题。

二、强互惠理论的价值

强互惠理论尽管是一个刚刚发展起来的理论，但它基于大量的行为证据，对"人"的思维方式进行了重新阐释，这不仅是理论上的重大突破，也极大地拓展了政策制定者的创新思维。

第一，强互惠理论重新阐释了"人"的思维方式。为了分析、解释、推导的需要，主流经济学将"人"高度抽象为理性、完全自利的人。不过，一些早期的思想家对于人的心理因素和道德情感都有所强调，只是由于缺乏足够的行为证据，对自利假设是否合理有效的质疑未能撼动主流看法。直到近几十年来，大量的行为实验研究发现，人们的行为与"搭便车"理论的预测并不一致，证明了人不是按照经济学里完美的理性人行事的，而是深刻地受到社会环境、社会规范和文化的影响，存在明显的差异（The World Bank，2015）。强互惠理论正是通过对一系列经验性行为规则进行概括和抽象，提出了异质性的社会性偏好假设，从而突破了主流经济学对个体具有同质的自利偏好的假设。尽管学术界关于人的行为特征的认识分歧仍然无法弥合，但强互惠理论以丰富的证据提醒人们，"人"尽管是以自我为中心的（self-centered）（张维迎，2014），但同时还具有社会化思维，这为理解"人类社会合作何以可能"的科学之谜开启了一扇窗。

第二，强互惠理论拓展了公共政策的创新空间。要理解经济如何运行，懂得如何管理经济并促进经济繁荣，就必须关注人们的某些思维模式（阿克洛夫和希勒，2009）。强互惠理论对人类具有的社会化思维的强调，拓展了政策制定者的创新思维。以公共品供给为例，如何克服公共品受益的非排他性所导致的"搭便车"问题，是经济学家对"人类社会合作何以可能"的具体思考。按照传统的"经济人"假设，公共品要么通过权力让渡由政府提供、要么引入排他机制由市场提供。不过，市场会失灵，政府同样也会失灵，这种"非市场，即政府"的二元逻辑已经严重地局限了制度创新的思维（周业安，2009）。就此困局，强互惠理论提醒人们，人类天生具有对自身所属团体的关心、遵守社区规则并对那些违反者予以惩罚的意愿（Bowles and Gintis，2002）。这为积极发挥社区的经济功能，实现"政府、市场、社区"协同供给公共品提供了重要的理论基础。这一点已在经济学史研究者对现实生活中用于管理和保护公共品制度自发形成过程的研究（奥斯特罗姆，2000；Casari，2007）中得以体现，也是当前我国公共品供给制度创新的一个努力方向。

第四章　条件性合作与
公共品自愿供给的实验研究[①]

第一节　引　言

前面几章系统介绍了新近发展起来的不同于经济人假设的强互惠理论。该理论强调人与生俱来就有与他人合作的倾向，并愿意花费个人成本维系群体的合作规范。在强互惠理论形成过程中，公共品实验因其具有的可控性，并能更好地模拟社会合作困境，为强互惠理论提供了大量证据。在标准的公共品自愿供给机制（VCM）实验中，一些人认为，他人愿意为公共品供给做出贡献时，他自己也会为公共品供给做出贡献（Fischbacher et al. , 2001；Fehr and Fischbacher, 2003；Dufwenberg et al. , 2006；Croson, 2007）[②]，一些研究公共品自愿供给的学者称此类个体为条件性合作者（Ockenfels, 1999；Sonnemans et al. , 1999；Keser and van Winden, 2000；Brandts and Schram, 2001；Fischbacher et al. ,

①　本章部分内容参照了汪崇金、岳军、聂左玲（2012）。
②　有的作者认为，减少公共品供给其实也是对他人的不合作实施的惩罚，也是条件性合作的表现。

2001；Levati and Neugebauer，2004；Croson et al.，2005；Fischbacher and Gächter，2006；Croson，2007）。正是因为被试群体中存在这种的条件性合作者，公共品实验中才会有两个经典结论，即非零供给和合作退化。

　　不过，国际学术界的研究结论能否适用于中国的被试？这还有待于进一步的检验，因为人们的行为方式受到其长期以来得到的教育、感受到的文化氛围、信守的道德准则等因素的影响。为此，本章基于中国被试对象，通过激励相容的机制设计，提取了被试在知道或预计其他人公共品贡献量情况下的公共品贡献量信息。本章研究发现，无论是从投资意愿还是从实际投资情况来看，被试均表现出明显的异质性，其中大多数被试可归为条件性合作者。不过，社会性偏好异质性会过高地估计被试的公共品投资，因为在实验中，被试的公共品投资不仅与其内在的社会性偏好有关，还受其对他人预期的影响，而被试对他人预期的形成过程实质上是一个调整的预期学习过程。总而言之，被试的社会性偏好异质性和对他人预期的形成方式共同地决定了公共品自愿供给合作的逐渐退化。这些结论与菲施巴赫尔和盖切特（2010）的基本一致，或者说，他们的结论得到了来自中国样本的进一步证明。

第二节　相关文献综述

　　强互惠理论强调个体社会性偏好的异质性，即群体中每位个体所具有的与他人合作倾向是有差异的（Fischbacher et al，2001；Brandts and Schram，2001；Kurzban and Houser，2005；Fischbacher and Gächter，2006）。① 菲施巴赫尔等（2001）运用泽尔滕（Selten，1967）的策略性方法（strategy method）来分析个体异质性，并已发展成为测度个体社会性偏好异质性的基本工具。具体而言，在给定他人平均贡献量分别为 0、1、…、20 等 21 种情况下，要求被试回答自己在各种情况下的公共品贡献量，并依据这两组数据分析被试偏好异质性。在他们的实验中，50%的被试表现为条件性合作者，即自己的公共品贡献量与他人的贡献量或自己对他人贡献量的预期呈正相关性，更通俗地讲，属于"他人贡献得越多，我也贡献得越多"的那一种人；30%的被试表现为"搭便车"者，即当别人的公共品贡献量无论处于哪个水平，他们都一直选择 0 单位的贡献量；其他被试的选择相对异常，无法归类。库尔茨班和豪瑟（Kurzban and Houser，2005）划分被试类型的方法稍微有点不同，但得到了大致一致的结论：84 位被试中，有 17 位（占20%）的被试表现为"搭便车"者（LCP 低于禀赋的50%）；11 位（占13%）的被试表现为合作者（LCP 高于禀赋的50%），即无论他人贡献多少，他们都会选择较大的贡献量，表现出较强的合作倾向；53 位（占63%）的被试为互惠者（贡献量与他人贡献量相关）；剩下 3 位被试的行为无规律可循。贝兰度和瓜拉（Burlando and Guala，2005）的研究发现，35%的被试为条件合作者，32%的被试为"搭便车"者，18%为利他主义者，剩下的15%无法归类。菲施巴赫尔和盖切特（2010）在菲施巴赫尔等（2001）的基础上，增加了一个陌生人间重复 10 期的公共品自愿供给实验。实验再次发现，不仅在一次性策略实验中提取的偏好具有异质性，而且在重复进行的多期实验中，被试的公共品投资行为均表现出异质性。索尼等（2012）也是运用菲施巴赫尔等

---

① 有关条件性合作的文献，参见乔杜里（Chaudhuri，2010）、盖切特（Gächter，2007）。

的方法，运用 iLEE 实验平台，按照丹麦 18 ~ 80 岁人群的结构特征，随机抽样地招募了 1488 名被试，从而保证了实验对象的代表性，而这对于异质性的分析尤为重要。在他们的被试中，有 69% 的被试为条件性合作者；15% 的被试为"搭便车"者；其他的16% 属于无法归类的那一种情况。

但是，这些研究仍然没有涉及被试在互动过程中的行为方式。比如说，在重复实验中，被试发现他人"搭便车"后，是立即效仿或是逐步调整？被试的社会性偏好是否稳定？这些都是值得进一步探讨的问题，最近的一些文献正沿着这个思路逐步推进。盖切特和索尼（Gächter and Thöni，2005）发现，个体在重复实验过程中存在一个学习过程。这里的学习是指效仿他人，而非上文提及的学会"搭便车"为占优策略之意。在此基础上，一些学者基于学习模型与个体社会性偏好异质性假设来解释公共品实验的结论。拜耳等（Bayer et al.，2009）发现，不能归为条件性合作者的行为能够用学习模型给予解释；而且，41% 的公共品投资下降量源自学习过程。诺林堡尔等（Neugebauer et al.，2009）同时提取了被试的公共品投资以及对他人预期的信息，发现条件性合作与预期调整假设最符合他们的实验数据。无独有偶，菲施巴赫尔和盖切特（2010）也分析了被试的异质性及对他人预期的形成过程，并基于此对实验数据进行模拟，从而证实了它们是造成公共品自愿供给水平下降的共同原因。

不过，国际学术界的研究结论能否适用于中国的被试？这还有待于进一步的检验。为此，本章将以中国的被试为研究对象，运用菲施巴赫尔等（2001）、菲施巴赫尔和盖切特（2010）的实验方法，探讨人们在公共品自愿供给情境下的行为特征。回答好这个问题，不仅是对国际学术成果的一个必要补充，而且对促进包括公共品自主供给在内的人类合作发挥重要作用。

第三节 实验设计与过程

本章每个实验局均包括两个实验，分别记为"P实验"和"C实验"。P实验即为菲施巴赫尔等（2001）开创的实验方法，又被称为策略性方法，菲施巴赫尔和盖切特（2012）证实了该方法能够用于模拟人们在现实状态下行为选择，现已成为分析个体社会性偏好异质性的基本范式，如上文提及的索尼等（2012）运用了该方法探析了社会性偏好的微观基础，龟井等（Kamei et al.，2011）用以衡量被试的合作态度。

在P实验中，被试需要回答两个问题：第一，"给定20个单位的禀赋，您愿意投向公共账户的禀赋为多少？"该项投资又被称为"无条件贡献"。第二，"假定您所在小组其他成员投向公共账户的禀赋均值分别为0、1、2、…、20，对应这21种情况，您愿意投向公共账户的禀赋分别为多少？"对第二个问题的回答应该是一个基于他人投资的向量，因此又被称为"条件性贡献向量"。为了鼓励被试认真作答，我们参照菲施巴赫尔等方法，引入了一个激励相容机制，使得被试的所有回答都可能影响到其最终收入。具体而言，计算被试A的收入时，需要用到他自己的条件性贡献向量，以及其所在小组其他三位被试的无条件贡献量，不过，条件性贡献向量为21个具体的数字，究竟用到哪一个呢？这要视其他三位被试的无条件贡献量而定。假如他们的无条件贡献量分别为2、6、7，那么，被试A的条件性贡献量应该对应于组内"其他成员投向公共账户的禀赋均值"为5这种情况下的条件性贡献量。而究竟谁是这里的被试A呢？这将以掷四面型的骰子来随机地决定，此过程由计算机完成。在此激励相容机制下，每位被试对于上述两个问题的回答都有可能成为计算其收入的依据，从而保证他们的回答具有可信性。

C 实验是一个重复 10 期的公共品实验。为了避免被试在重复博弈中基于声誉等因素的考虑而策略性选择，本章采用随机配对的方式，也就是说，每期中各小组的成员构成是不同的，从而避免了被试策略性行为的发生。每期实验中，被试不仅要选择自己的公共品投资量，还要估计组内他人公共品投资量（取平均值），即对他人的预期；随后，被试将被告知，在当期，其公共品投资量、所在小组公共品投资量、私人账户收入、公共账户收入以及总收入。类似地，为了激励被试认真估计其他被试的公共品投资量，估计准确的被试将获得额外奖励。具体而言，如果某被试对他人公共品投资量的估计值与实际值（取整数）相等，该被试将获得 3 单位的奖励；如果估计值与实际值相差 1（2），则将获得 2（1）单位的奖励。

最后，被试还要求回答一些有关个人身份的问题（问卷形式的问题设计见附件 A）。为了真实地了解被试面临上述集体行动困境时的行为选择，实验者首先强调，本次实验为有偿实验，实验结束后，被试均将获得一笔收入，而收入的多寡与自己在实验中的行为选择有关。实验者详细介绍了实验规则、程序及收入的计算方法。被试还需要回答五个控制性问题，在所有被试能够正确回答之后，实验才开始进行，这样以确保所有被试都能正确理解实验及其所面临的两难选择。

本章的实验对象为山东财经大学 60 位本科生，他们均是自愿参加的。所有实验都是在实验室进行的，每位被试面前都有一台计算机，他们所有的决策必须通过计算机完成，使用的软件为瑞士苏黎世大学开发的 z-Tree 软件（Fischbacher，2007）。每位被试的桌上还发放了一张纸与一支笔，以便他们做些记录与简单计算。

实验共有三局（分别记为 FF、TO、TT），分别有 24 个、16 个和 20 个被试，所有实验均无出场费，兑换比例为 1∶0.5，平均收入分别为 12.96 元、11.74 元、13.56 元。

第四节　实验结论

一、异质性分析

条件性合作者对于公共品的贡献大小是以其所在小组其他成员的贡献量为参照，因此，本章将"组内其他成员向公共账户的平均贡献量"作为变量 X，被试在相应情况下的贡献量作为变量 Y，运用基于斯皮尔曼（Spearman）等级相关系数的相关分析法衡量两变量之间线性关系的强弱，并结合被试的贡献向量（见图 4-1）来判断被试的异质性。个体层面的贡献向量数据显示，被试可以概括为三类：条件性合作者、一字型贡献者（含"搭便车"者）、驼峰型贡献者以及其他形式。

条件性合作者。51 位被试（占总数的 85%）的贡献向量表现为这一类。其中，7 位被试为完美的条件性合作者（perfect conditional cooperator），他们的贡献量与对角线完全重合，在 0.0001 的显著水平上，斯皮尔曼等级相关系数为 1。或者说，这 7 位被试总是愿意与其他人保持一致，"别人贡献多少，我也贡献多少"。16 位被试为近似完美的条件性合作者，在 0.01 的显著水平上，斯皮尔曼等级相关系数均在 0.995~1 之间（不含 1）。28 位被试称为一般条件性合作者，在 0.0001 的显著水平上，斯皮尔曼等级相关系数均超过 0.677。

就该类被试贡献向量的进一步分析，我们发现，除了完美的

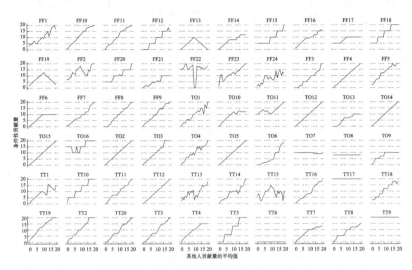

图 4 – 1　被试的贡献向量走势图

注：条件性合作者中，ρ 等于 1 的被试有 7 位，分别为 FF4、TO2、TO5、TO12、TO14、TO15、TT12；ρ 大于 0.99 小于 1 的被试有 16 位，分别为 TT16、FF10、FF11、FF7、FF8、TT3、TT20、TO6、TT19、FF3、FF9、FF16、TT7、TT11、TT2、TO3；ρ 大于 0.6767 小于 0.99 的被试有 28 位，分别为 FF5、TT4、TT8、FF14、TT18、TO13、TO4、TT10、FF12、FF18、TT5、FF20、FF21、FF1、TT14、TO1、FF23、TO10、FF15、FF6、TO9、FF17、TT1、TT13、FF24、TO11、TO16、FF2。一字型贡献者有 TO7、TO8、TT6、TT9、TT17。驼峰型贡献者有 FF19、FF13。异常的有 TT15、FF22。

条件性合作者之外，其他被试整体上有"比别人少贡献"的倾向，两者的偏离情况见图 4 – 2。对于近似完美的条件性合作者，有 32.73% 的贡献量与别人正好匹配（偏离值 = 0），36.01% 的贡献量低于他人的贡献量（偏离值 < 0），但是，也有 31.25% 的贡献量高于他人的贡献量（偏离值 > 0），偏离值的最小值和最大值分别为 – 7 和 4；一般性条件性合作者 22.62% 的贡献量与别人的匹配，低于他人的贡献量占 37.76%，高于他人的贡献量占 39.63%，偏离值的最小值和最大值分别为 – 10 和 15。由此可见，即使是条件性合作者，他们的贡献量并不是与别人的贡献量同比例地增加，表现出自利倾向。

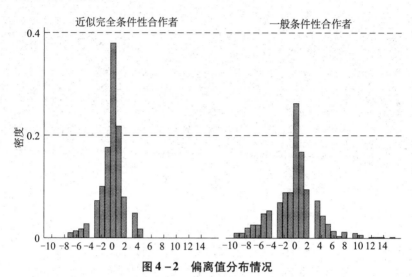

图 4-2 偏离值分布情况

一字型的贡献者（含"搭便车"者）。5 位被试（占总数的 8.33%）可以归为此类，他们的贡献量居于某一个相对固定的数字，其中，2 位被试一直选择"20"，只有 1 位被试选择"0"，也就是说，在本实验中，严格意义上的"搭便车"者只有 1 位。

驼峰型的贡献者。这一类型的被试有 2 位（占总数的 3.33%），分别为 FF19、FF13。当"组内其他成员向公共账户的平均贡献量"小于 10 时，该两位被试的行为类似于完全条件合作；然后，便稳定地呈下降趋势。

异常的贡献者。被试 TT15 和 FF22 的贡献向量属于此类，无规则可循，该类被试的占比为 3.33%。

菲施巴赫尔和盖切特（2010）还尝试着运用新的分类方法。具体而言，在 P 实验中，假设他人公共品投资量分别为 0、1、2 等 21 个整数点数的情况下，要求被试回答其在相应情况下公共品投资意愿，每位被试因此对应有两个时间序列数据，然后，以前者为自变量、以后者为因变量进行线性回归，从而得到一个回归系数；而在 C 实验中，每位被试需要估计他人公共品投资量，并决定自己的公共品投资量，也有两个时间序列数据和一个回归系数。然后，基于每位被试的回归系数和公共品投资（意愿）的均值来判断其社会性偏好的类型。例如，对于"搭便车"者，无论他人如何选择，他们的公共品投资（意愿）均为 0，因此，"搭便车"者公共品投资（意愿）的均值应为 0，回归系数也为 0；而对于完美的条件性合作者（perfect conditional cooperator），公共品投资（意愿）的均值为 10，回归系数为 1。图 4–3 分别描述了本章基于 P 实验和 C 实验数据，按照这种新的分类方法进行个体社会性偏好异质性分析的结果。

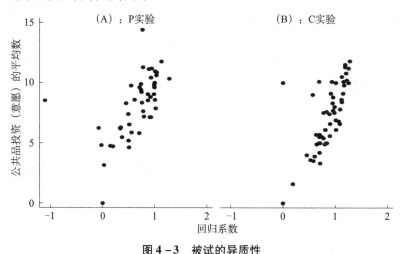

图 4–3　被试的异质性

图 4–3（A）中的横轴表示被试公共品投资意愿对他人公共品投资均值的回归系数，而纵轴为公共品投资意愿的均值。从图中可以看出，在 P 实验中，被试表现出明显的异质性："搭便车"者（位于（0，0）点）只有 1 位；2 位被试的回归系数近似于 0，但是公共品投资意愿的均值为正数；还有 2 位被试的回归系数为负

数，即别人的公共品投资越多，他们的却越少；而大多数被试为条件性合作者，回归系数为正数，公共品投资意愿的均值也大于0，其中，有一部分被试为完美的条件性合作者，位于（1，10）点。图4-3（B）中的横轴表示以被试各期的公共品投资为因变量、以对他人预期为自变量进行线性回归而得到的系数，而纵轴表示被试各期公共品投资的平均数。图4-3（B）与（A）提供的信息非常相似，即在C实验中，被试也表现出明显的异质性。

上文分析显示，被试的行为表现为显著的异质性，进一步的问题是，被试行为的异质性究竟与哪些因素有关？下面分别就"性别""是否为党员"等行为主体特征作独立样本非参数检验。统计学中，威尔克森秩和检验（Mann-Whitney U 检验）方法可用于判断两个独立样本是否来自同一总体，该种非参数检验方法的零假设是 H0：两个独立样本来自无显著差异的总体。检验结果详见表4-1，在 0.05 的显著水平上，被试的行为在各项主体特征上均无统计意义上的差异，将显著水平放宽至 0.1，也只是在性别上具有统计意义上的差异。可以说，被试表现出来的异质性具有普遍性，并没有主体特征上的差异。

表4-1　　　　　　就行为主体特征的非参数检验结果

行为主体特征		样本数	平均秩次	秩和	U 值	显著性水平（双尾）	差异性判断
性别	男	28	26.02	728.50	322.500	0.058	有*
	女	32	34.42	1 101.50			
党员	是	22	34.75	764.50	324.500	0.143	无
	否	38	28.04	1 065.50			
家庭背景	乡	30	27.45	823.50	358.500	0.168	无
	城	30	33.55	1 006.50			
人性判断	善	46	30.70	1 412.00	313.000	0.872	无
	恶	14	29.86	418.00			
团购经历	有	24	32.52	780.50	383.500	0.455	无
	无	36	29.15	1 049.50			

行为主体特征		样本数	平均秩次	秩和	U 值	显著性水平（双尾）	差异性判断
帮助他人	有	52	31.27	1 626.00	168.000	0.375	无
	无	8	25.50	204.00			
接受过帮助	有	51	30.30	1 545.50	219.500	0.833	无
	无	9	31.61	284.50			
被骗经历	有	42	31.90	1 340.00	319.000	0.332	无
	无	18	27.22	490.00			

注：＊表示显著性水平为 0.10。

　　总而言之，无论运用哪种分类方法，在本章的两个实验中，完全"搭便车"者相当少见，这与龚欣等（2010）基于中国被试的公共品实验结论较为一致，但不同于菲施巴赫尔和盖切特（2010）；另外，被试基于 P 实验和 C 实验数据的回归系数高度相关（spearman rho ＝ 0.28，p ＝ 0.000），公共品投资的均值也高度相关（spearman rho ＝ 0.36，p ＝ 0.000），这些结论与库尔茨班和豪瑟（2005）的一致，也就是说，被试的行为在 P 实验与 C 实验中具有一致性。在下文分析中，我们将运用被试在 P 实验中表现出的社会性偏好来估计其在 C 实验中的投资行为。

二、对他人预期的形成方式

　　大多数学习理论认为，人们的预期是对外界事物的逐步调整，当然，被试在第 1 期的预期来自实验外的经验，或者称为直觉。鉴于此，克罗松（Croson，2007）、诺林堡尔等（2009）、菲施巴赫尔和盖切特（2010）等均运用类似于下列的公式来分析被试对他人预期的形成方式：

$$beliefav_{i,t} = \alpha_0 + \alpha_1 otherContri_{i,t-1} + \alpha_2 beliefav_{i,t-1} + \eta_i^1 + \varepsilon_{i,t}^1$$

$$(4.1)$$

　　其中，下标 i 和 t 分别表示被试和期数，"$beliefav$"表示"对他人的预期","*otherContri*"表示"他人公共品投资量"," η^1 "为随机效果,在个体间独立且同分布,与随机变量 ε^1 也无关。表4-2是基于公式（4.1）及其变形的计量分析结果。在模型1-1中，"期数"为唯一的解释变量，分析表明，被试对他人的预期随着实验的重复进行呈下降趋势，这与图4-2提供的信息是一致的，但是，该模型没有解释预期下降的原因。模型1-2加入了两个新的解释变量，即前一期的"他人公共品投资量"和"对他人的预期"，分析显示，"他人公共品投资量"的系数为负值，即他人在前一期公共品投资量越大，被试在当期对他人的预期越小，对此，难以找到合适的理论支持；另外，"期数效应"也不够显著，与图4-2中的信息不符。模型1-3剔除了解释变量"期数"，并基于动态面板数据的差分GMM模型进行分析，结果表明，被试在观察他人行为之后，不断调整自己对他人的预期，该过程又被称为调整的预期学习（adaptive belief learning）。

表4-2 被试对他人预期的形成方式分析（被解释变量：*beliefav*）

模型	模型1-1 （OLS模型）	模型1-2 （OLS模型）	模型1-3 （差分GMM模型）
period	-0.2685065 *** [0.0300106]	-0.1422446 [0.0624909]	—
otherContri（$t-1$）	—	-0.0441366 ** [0.0063203]	0.4485143 *** [0.0479075]
beliefav（$t-1$）	—	0.6216519 *** [0.0427248]	0.3509265 *** [0.1163829]
constant	9.667857 *** [0.5911211]	4.073203 *** [0.7903056]	1.85333 *** [1.082828]
R-sq	0.0818	0.4279	—
estat abond：*m1*	—	—	-2.631 (0.0085)
m2	—	—	0.39483 (0.6930)
Sargan test：（*chi2*）	—	—	39.29903 (0.2833)

注：＊＊＊、＊＊、＊分别表示1%、5%、10%的显著性水平；［ ］中的数值为WC-Robust标准差；（ ）中的数值为P值。

三、公共品投资决策形成过程

类似于上述就预期形成方式的研究，许多学者将被试的"公共品投资量"作为被解释变量，将"期数""对他人的预期"等作为解释变量，而菲施巴赫尔和盖切特（2010）在此基础上增加了一个新的解释变量，即用 P 实验获得的社会性偏好来解释被试在 C 实验中的公共品投资。本章也采用这一做法，计量模型详见公式（4.2）。

$$contribution_{i,t} = \beta_0 + \beta_1 predictedContri_{i,t} + \beta_2 beliefav_{i,t-1} + \eta_t^2 + \varepsilon_{i,t}^2$$

$$(4.2)$$

在这里，"$contribution$"表示"公共品投资量"，"$predictedContri$"表示基于 P 实验推算得来的"预测的公共品投资量"，其他说明类似于公式（4.1）。计量分析结果见表 4 – 3，模型 2 – 1 中，"期数"为唯一的解释变量，同模型 1 – 1 相似，只是描述了"期数效应"，而无法回答"公共品投资为何下降？"模型 2 – 2 加入了解释变量"预测的公共品投资量"以及"对他人的预期"，分析结果显示，这两个解释变量对"公共品投资量"的影响均是显著的。相对于模型 2 – 2，模型 2 – 3 剔除了解释变量"期数"，回归系数的显著性水平基本均有所提高，而且标准差也相对较小，为此，下文的分析将基于模型 2 – 3 来展开。在模型 2 – 3 中，两个解释变量的回归系数之和接近于 1，也就是说，被试的"公共品投资量"是这两个解释变量的加权平均数。

表 4 – 3   被试公共品投资决策形成过程分析
（被解释变量：$contribution$）

模型	模型 2 – 1 （OLS 模型）	模型 2 – 2 （OLS 模型）	模型 2 – 3 （固定效应模型）
period	– 0.3298701 *** [0.0543445]	– 0.1334852 *** [0.0434131]	—

模型	模型 2－1 （OLS 模型）	模型 2－2 （OLS 模型）	模型 2－3 （固定效应模型）
$predictedContri$	—	0.3657646 ** ［0.1584716］	0.1970575 * * ［0.0835466］
$beliefav$	—	0.4057325 * ［0.2045545］	0.7083594 *** ［0.0954554］
$constant$	8.885714 *** ［0.4344731］	1.72265 ［1.107496］	－0.2175224 * ［0.5242882］
$sigma\_u$	—	—	1.8593018
$sigma\_e$	—	—	2.7022193
rho	—	—	0.32131292
$R－sq$	0.0548	0.3453	0.3238
Wald 卡方检验	—	—	275.12（0.0000）

注：＊＊＊、＊＊、＊分别表示 1%、5%、10% 的显著性水平；［ ］中的数值为 WC－Robust 标准差；（ ）中的数值为 P 值。

四、公共品投资为何下降？

上述研究表明，对他人的预期与自己的社会性偏好都将影响被试的公共品投资，为此，本节将通过比较不同假设情境下的模拟结果，试图理解两个问题：第一，公共品投资的下降是因为被试社会性偏好的异质性还是源于他们对他人预期的形成方式？或者受两者的共同影响？第二，社会性偏好的异质性在公共品自愿供给中究竟扮演什么样的角色？

模拟过程分为两个步骤：第一步，模拟被试对他人预期的形成过程；第二步，在第一步的基础上，模拟被试的公共品投资量。关于被试对他人预期的形成方式有两种假设：

（1）被试为天真的，即相信他人在当期的公共品投资量应该等于前一期的投资量，也就是说，被试按照公式（4.3）形成对他人的预期：

$$beliefav_t = otherContri_{t-1} \qquad (4.3)$$

（2）被试按照模型 1 - 3 所描述的方式形成对他人的预期，即如公式（4.4）所示：

$$beliefav_t = 0.4485143 \times otherContri_{t-1} + 0.3509265$$
$$\times beliefav_{t-1} + 1.85333 \quad\quad (4.4)$$

关于被试公共品投资的决策方式有三种假设：

（1）所有被试都是完美的条件性合作者，也就是说，他们完全按照对他人的预期来选择自己的公共品投资量，即如公式（4.5）所示：

$$contribution_t = beliefav_t \quad\quad (4.5)$$

（2）被试按照模型 2 - 3 来进行公共品投资，如公式（4.6）所示：

$$contribution_t = 0.1970575 \times predictedContri_t + 0.7083594$$
$$\times beliefav_t - 0.2175224 \quad\quad (4.6)$$

为了考察个体社会性偏好异质性对公共品投资的影响，还设置了另一个反事实假设——假设（3），即所有被试均为同质的，具体而言，将 P 实验数据作为混合数据，推导出"对他人的预期"与"公共品贡献量"的线性关系，假设所有被试的这两项数据均符合该线性关系，正如公式（4.7）所示：

$$contribution_t = 0.6723794 \times beliefav_t + 1.41226 \quad\quad (4.7)$$

综上所述，基于上述两个维度的假设，可以形成六种不同的模拟模型，见表 4 - 4。

表 4 - 4　　　　　　　　　　六种模拟模型

模型	预期形成方式	合作者类型
3 - 1	天真的［公式（4.3）］	完美的条件性合作者［公式（4.6）］
3 - 2	天真的［公式（4.3）］	同质的［公式（4.7）］
3 - 3	天真的［公式（4.3）］	异质性的合作者［公式（4.6）］
3 - 4	真实的［公式（4.4）］	完美的条件性合作者［公式（4.6）］
3 - 5	真实的［公式（4.4）］	同质的［公式（4.7）］
3 - 6	真实的［公式（4.4）］	异质性的合作者［公式（4.6）］

下面，分别运用上述六个模型对 C 实验各期公共品投资的平均值进行模拟，需要提醒的是，所有模型都将被试在第 1 期的公共品投资和对他人的预期作为起始值。表 4 - 4 中前 3 个模型均假设被试对他人预期的形成方式是天真的，其中，模型 3 - 1 为基准模型，假设所有被试是完美的条件性合作者，即预计他人投向公共账户的禀赋平均为多少，自己也将投入该数量的禀赋。模型 3 - 2 假设被试为同质的，即按照公式（4.7）的方式决定自己的公共品投资量，而模型 3 - 3 基于个体异质性假设，纳入了被试在 P 实验中投资意愿的差异这一因素。图 4 - 4 中的三条短划线分别描述了这 3 个模型的模拟结果。从中可以看出，模型 3 - 1 模拟的公共品自愿供给水平始终维持在一个高位，而模型 3 - 2 和模型 3 - 3 模拟的公共品自愿供给水平均迅速下降，显然，这些模型将被试对他人的预期形成方式简单地假设为"天真的"并不符合实验中被试的行为。

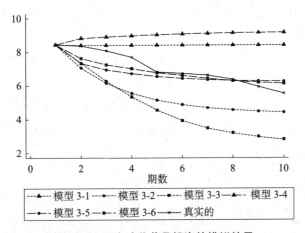

图 4 - 4 C 实验公共品投资的模拟结果

表 4 - 4 中后 3 个模型均假设被试按照模型 1 - 3 的方式形成对他人的预期，其中，模型 3 - 4 假设被试为完美的条件性合作者，

模型 3 - 5 假设被试为同质的，而模型 3 - 6 假设被试为异质的。与模型 3 - 1 相似，模型 3 - 4 模拟的公共品自愿供给水平也维持在一个高位，没有下降趋势；对于模型 3 - 5 和模型 3 - 6，若将真实的公共品投资量作为被解释变量，分别将它们的模拟数据作为解释变量，使用稳健标准差得到的 OLS 回归系数为 1.24（0.355）和 1.29（0.265），再结合图 4 - 4 中的长划线与实线，我们可知，模型 3 - 5 和模型 3 - 6 的模拟结果与真实数据较为接近。不过，基于模型 3 - 6 数据回归得到的调整 R^2 为 0.8514，而对应于模型 3 - 5 的为 0.6819，由此可见，模型 3 - 6 更好地模拟了真实数据。图 4 - 5 中的虚线详细地呈现了基于模型 3 - 6 对三个实验局 C 实验公共品投资的模拟结果，从中也可看出，模型 3 - 6 较好地模拟了本章实验中被试的行为。

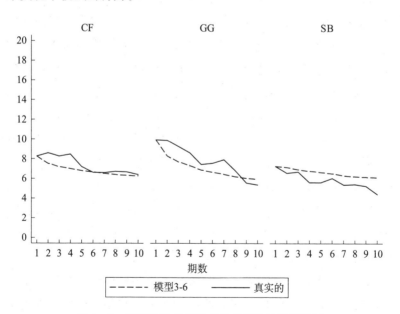

图 4 - 5　各实验局 C 实验公共品投资的模拟结果

第五节 结论与启示

作为经济主体的人由于遗传基因、教育和环境等因素的差异，社会性在不同人行为上的表现也是不同，这就是一些文献中所阐述的社会性偏好异质性。人的异质性不仅具有渊源的哲学基础（阿多诺的《否定的辩证法》和德勒兹的《差异与重复》），同时也得到了新近发展起来的实验经济学的证明（Gurerk et al.，2006；Fischbacher and Gächter，2008）。本章基于 F – G 方法，分析了中国被试在公共品自愿供给情境下的行为方式。研究发现，无论是从投资意愿还是从实际投资情况来看，被试均表现出明显的异质性：对于少部分被试而言，无论他人的公共品投资为多少，他们都会选择某个较小数量的投资；而大多数被试可归为条件性合作者，当别人的公共品投资越大时，他们的投资也越大；不过，社会性偏好异质性会过高地估计被试的公共品投资，因为在实验中，被试的公共品投资不仅与其内在的社会性偏好有关，还受其对他人预期的影响，而被试对他人预期的形成过程实质上是一个调整的预期学习过程。总而言之，被试的社会性偏好异质性和对他人预期的形成方式共同地决定了公共品自愿供给合作的逐渐退化。这些结论与菲施巴赫尔和盖切特（2010）的基本一致，或者说，他们的结论得到了来自中国样本的进一步证明。

本章运用经济学实验方法，探究了公共品自愿供给情境中人们的行为特征，鉴于此，我们就如何促进公共品自愿供给得到了以下几点启示。

首先，个体的社会性偏好具有明显的异质性，也就是说，我们不仅要看到人们有追求自身私利的本能冲动，也有与他人合作的社会性。在现代社会中，要理解经济如何运行，懂得如何管理经济并促进经济繁荣，我们就必须关注人们的某些思维模式，这些思维模式能够真实反映人们的思想和情感，即动物的精神。我国社会近几十年的制度变迁都与此有关。计划经济时期，人被假定为道德人，他们都舍己为公，但这一假定被证明是错的。到了改革开放时期，经济人的假定得到了普遍认同，并深刻地影响了社会实践。从农村到城市、从中央到地方，出台了一系列"放权让利"的制度安排，通过利益的激励充分调动了人们的生产积极性，从而创造了中国经济增长的奇迹。对人性的自利假定大致上并没有错，特别是在竞争的环境中，即使是极具合作性的个体也会重新审视自己的选择。然而，在公共事务中，过分强调"个人贪婪"很可能局限了我们的思维。就公共品而言，新古典经济学提供给我们的"要么国有化、要么私有化"的两分法思维方式根本无法满足人们日益增长的公共品需求。对于更多的公共品，不仅难以或不可能实现排他，而且政府也是无力或无优势为之。不过，埃莉诺·奥斯特罗姆（2000）的研究为我们揭示了，人们在公共治理中的积极作用，意味着成功的政府管理需要注重发挥人们的积极性。对于公共品供给也不例外，我们有必要运用社会资本，发挥人们与他人合作的社会性，引导人们积极参与到公共品供给活动中来。

其次，本章的实验研究再次提醒我们，即使人们具有与他人合作的特质，如果没有相应的制度安排，公共品自愿供给合作也难免退化。尽管在公共品自愿供给情境下，只有很少的被试一直选择某一较低数量的公共品投资，而大多数被试表现为条件性合作者，即"你合作我也合作，你不合作我也不合作"。本章的模型3-4模拟了在真实的预期形成方式下，如果将所有被试都看作是完美的条件性合作者，公共品自愿供给水平将维持在一个高位。然而，完美的条件性合作者毕竟属于少数，正如图 4 - 2 所示，无论是从投资意愿还是从实际投资情况来看，被试的回归系数大多数情况下都是小于 1 的，这就意味着，多数人不愿意承担更多的公共品供给成本。如此看来，即使所有人都为条件性合作者，也难免公共品自愿供给合作的退化，而"搭便车"者的存在将进一步加速自愿供给合作的恶化。

最后，个体社会性偏好的异质性并不是故事的全部，而更为关键的是，在公共品自愿供给情境下，个体预期扮演着一个非常重要的角色，因此，如何在个体间形成有关他人合作的积极预期是个极具现实意义的议题。个体对他人的预期不仅反映了在实验外习得的社会经验，而且还受到实验过程中所反馈的信息的影响。为此，我们不仅需要大力培育社会资本，让人们在日常生活经历中形成对他人更高的合作预期，同时，还需要在公共品自愿供给情境中引入一些制度安排，以提高人们的预期。对于后者，国外已有一些研究在公共品实验中引入交流机制（Ostrom et al.，1992）、提供利他性惩罚机会（Ostrom et al.，1992；Fehr and Gächter，2002；Gürerk et al.，2006）、增加事先承诺环节（Kosfeld et al.，2009），这些实验表明，合理的制度安排均可有效促进公共品自愿供给合作。尽管这些乐观的判断能否适用于中国的被试还有待进一步的实证检验，但至少为实现我国公共品供给机制创新提供了新的思路，这也是我们后续进一步研究的方向。

第五章 利他性惩罚与公共品自愿供给的实验研究

第一节 引 言

  大量的标准公共品实验给我们带来了一个好消息和一个坏消息。好消息是，即使在一次性博弈中，被试的公共品自愿供给也显著不为零，实验首期的公共品贡献率甚至高达 40% ~ 60%，这些与基于标准经济学理论的悲观预测并不一致；而坏消息是，在重复进行的实验中，贡献率持续下降，合作逐渐恶化。前一章的实验也证实了这两个经典结论。对此，强互惠理论给出的解释是，群体中存在强互惠者，他们一般愿意尝试与他人合作，选择不为零的贡献量；而在重复进行的实验中，合作之所以恶化，是因为群体中还"搭便车"者，他们一般选择零或接近零数量的贡献量，而强互惠者遇上自利的"搭便车"者，一般会减少贡献或拒绝贡献来回应他们。

  毫无疑问，解释经济现象只是科学研究的第一步，更为重要的议题是如何避免公共品自愿供给合作呈不断恶化的趋势。强互惠理论也为我们提供了全新的思路：强互惠者不仅愿意与他人合作，对于团体中的背叛、逃避责任和"搭便车"行为，还肯愿意花费个人成本去惩罚这些行为，既然如此，那么，在公共品自愿供给情境中，给予强互惠者惩罚"搭便车"者的机会，源自这些强互惠者的惩罚将会有效抑制团体中的"搭便车"行为，进而维系公共品自愿供给合作。也就是说，对于团体中的"搭便车"行为，我们可以寄希望于强互惠者的利他性惩罚。通俗地讲，即寄希望于"义士"的"义举"。但是，在一个群体中，作为"义士"的强互惠者，其在群体占比的多寡、惩罚意愿的强弱等，均将直接影响到利他性惩罚促进公共品自愿供给合作水平。可以设想，如果一个群体中的强互惠者并不多，那么他们的"义举"或许并不能为"搭便车"者造成足够的威慑。

总而言之，如何克服个人短期利益并通过合作最大化团体的社会福祉一直是社会科学和政治哲学的经典迷局之一，而近些年发展起来的强互惠理论能否成为这一迷局的破解良方，仍是一个有待于进一步检验的实证问题。本章运用经济学实验方法，将就消极的强互惠行为及其对公共品自愿供给合作的影响展开实证研究。

第二节　相关文献综述

合作退化是公共品实验的经典结论之一，如何避免合作退化呢？现实生活中维系社会合作的机制有很多，比如声誉机制、领导人机制、交流沟通机制等，而本章关注的是强互惠者的利他性惩罚机制。前文已经介绍过，大量的公共品实验均显示，随着实验的重复进行，一些被试未能延续实验初期的高贡献率，而不断减少自己的贡献量（Fischbacher and Gächter，2010）。费尔和施密特（Fehr and Schmidt，1999）为此在实验后与被试对象深入探讨这一现象。一些被试被问及"为何减少或拒绝贡献"时，有人给出的回答是出于对"搭便车"者的愤怒。换言之，选择"退出"是他们自己拥有的唯一手段，用"退出"这种方式来惩罚那些"搭便车"者，以表达心中的不满。受此启发，费尔和盖切特在标准公共品实验中增加了一个惩罚阶段，以匿名的方式告诉被试有关其队友的公共品投资情况，并允许他们花费个人成本惩罚队友。他们的实验结论均显示，即使惩罚并不能为施罚者提供未来的预期收益，指向"搭便车"者的惩罚也普遍存在。而且，对他人的惩罚并不是一时的冲动，而是服从需求法则，惩罚行为水平与惩罚成本呈负相关性（Anderson and Putterman，2006；Carpenter，2007；Egas and Riedl，2005；Nikiforakis and Normann，2005）。他们的实验结论还显示，一旦引入利他机制，被试均大幅度提高了公共品供给量，从而维持一个较高的合作水平。弗登伯格和帕塔克（2010）的研究甚至还发现，即使被试直到实验结束后才知晓自己被惩罚的情况，公共品供给水平也能维持在一个较高的水平。可以说，大量的经济学实验证据让强互惠理论的支持者们相信，强互惠者的惩罚是普遍存在的，而且能够有效抑制团体中的背叛、逃避责任和"搭便车"行为。

至此，源自强互惠者的利他性惩罚似乎成为打开"社会合作何以可能"的钥匙。不过，在做出这样的乐观结论之前，尚有诸多问题需要一一确解。需要说明的是，本章实验试图模拟现实生活，构造出个体之间可以相互实施惩罚的情境，被罚者的收入将因为惩罚而减少，但现代社会任何个人是无权实施实验中所构造的惩罚以至于减少他人的收入。不过，这种惩罚只是对现实生活中谴责、排斥、鄙视等形式的社会惩罚（social penalties）的抽象（Kamei et al. 2011）。已有研究表明，这种非货币惩罚对社会合作产生明显的影响。例如，马斯克里等（Masclet et al. , 2003）率先考察了非货币惩罚对公共品自愿供给的影响，在实验中，被试个体只是对他人的"搭便车"行为表达不满而已，任何一方都不会因此而遭受损失。他们的实验结论表明，这种形式的社会惩罚也能够促进公共品合作，其促进合作的效果在实验刚开始的时候与货币惩罚的大致相当，不过，在实验后期则不敌后者。

例如，一些其他的实验表明，惩罚是低效率的，因惩罚而损失的得益（pay-off）超过了因促进合作而获得的收益（Dreber et al. , 2008；Milinski and Rockenbach，2008；Egas and Riedl，2008；Wu et al. , 2009），赫尔曼等（Herrmann et al. , 2008）以 16 个来自不同文化和经济社会发展水平国家的被试群体为研究对象，在其中的 13 个群体中，引入惩罚的平均回报甚至低于无惩罚的，在剩下的 3 个群体中，相对于无惩罚，有惩罚时的平均回报也只是稍微有所提高。

我们还注意到，类似的另一些实验却提供了别样的结论，或者说，并不是所有的来自队友的利他性惩罚都有促进公共品自愿供给合作之功效。从动态演化的视角，只有当强互惠者在群体中占到一定的份额，群体合作均衡才能得以均衡（Bowles and Gintis，2004）。而从实验经济学方面的证据来看，在安德森和普特曼（Anderson and Putterman，2006）的实验中，惩罚机制下的公共品供给平均水平尽管明显高于无惩罚机制的，但在有些实验组中仍然难改其下行趋势；更值得一提的是，盖切特和赫尔曼（Gächter and Herrmann，2011）同时在瑞士和俄罗斯开展了两个相同的实验，但得到了不同的结论：在瑞士的实验中，惩罚机制维持了一个较高的公共品供给水平，而在俄罗斯，惩罚机会的存在并没有改善公共品的供给。在赫尔曼等（2008）的 16 个被试群体中，11个被试群体的合作水平在引入惩罚机制后明显地得到改善（基于各期平均贡献量的 Wilcoxon 检验），而在其他 5 个被试群体，惩罚促进合作的效果并不显著。我们基于居雷尔克等（Gürerk et al.，2006）的实验方案，以中国被试为对象，得到的结论也不尽相同：尽管大多数被试也都选择了奖惩机制，但是，公共品供给水平却呈持续下降的走势。

诚然，相关的实验研究得出迥异的结论并不足为奇，因为强互惠者的社会情感受其外在的客观现实影响的，在具有不同文化背景、经济发展水平等的社会里，人们对不合作的容忍程度是有差异的，表现出的强互惠程度也是不同的。山岸（1988）的研究发现，相对于日本被试而言，美国被试在无惩罚机制下表现出更高的合作水平。亨里希等（Henrich et al.，2006）在以 4 个大陆12 个国家的 15 个小规模的群体为实验对象的研究中发现，所有的群体对不公平行为都表现出惩罚倾向，但是，能够接受的不公平程度在各个群体中存在明显的差别；亨里希等（2010）进一步的研究还提出，这种差异可能与信仰、市场经济发展水平有关。由此可见，不同的群体即使面对相同程度的不合作所采取的行动可能是不同的。就中国被试而言，吴佳佳等（2009）基于德雷贝等（2008）的实验设计，以北京的在校大学生为被试对象，开展了两个"囚徒困境"实验。德雷贝等早前在波士顿进行的实验表明，在具有惩罚机制的实验中，合作水平确实是提高了；而吴佳佳等的研究发现，引入惩罚机制后，一个实验的合作水平没有明显改善，而另一个实验的反而有所退化。这些截然不同的结论引发了本章研究的兴趣。

从现有文献来看，在公共品自愿供给环境下，强互惠行为能否促进公共品自愿供给仍是一个有待进一步检验的实证问题，鉴于此，本章开展了一系列对照实验（treatment），试图提供一些基于中国被试对象的实验证据。据我们掌握的资料，基于中国被试对象的类似研究还不多。宋紫峰和周业安（2011）的主题与本章的较为相似，但是他们侧重于研究，当被试具有不同单位资本的边际回报（MPCR）情况下的惩罚及其对公共品自愿供给的影响，而本章更侧重于判断何种情境下，惩罚机制更能有效促进公共品供给；与本章的另一个不同在于，他们沿用了费尔和盖切特（2002）的惩罚成本表，惩罚效率具有累进性，而本章的所有实验均采用固定的惩罚效率。

第三节　实验设计与过程

本章实验包括 2 个实验局，分别是无惩罚实验局（NP）、有惩罚实验局（P）。无惩罚实验局的实验设计即为标准公共品自愿供给机制：每 4 位被试随机地组合为一个小组，每位被试赋予 20 单位的禀赋，要求他们在私人账户与公共账户配置，留在私人账户的禀赋等量地记为其个人收益，而贡献至公共账户的禀赋，用于公共品投资，单位资本边际回报为 0.4，投资收益由小组所有成员非排他地共享。鉴于费尔和盖切特（2000）的实验设计已成为研究公共品实验中利他性惩罚的基本研究范式，为了便于横向比较，本章有惩罚实验局的设计采用的也是这种范式。具体而言，在上述无惩罚实验局的实验设计的基础上，再增加一个惩罚阶段。在这个阶段，首先公布其队友在前一阶段，即公共品投资阶段的公共品投资情况，然后，允许被试花费个人成本惩罚他的队友。本章中，惩罚效率有两种，即 3 或 5，比如说，被试 A 惩罚被试 B，A 每花费 1 单位实验币，B 的点数将减少 3 单位或 5 单位。当惩罚效率为 3 时，被试的当期收益如公式（5.1）所示，为两个阶段的收益之和，即公共品自愿供给阶段的收益减去惩罚阶段被惩罚的损失与惩罚他人支付的成本。

$$\pi_i = (20 - g_i) + 0.4 \times \sum_{j=1}^{4} g_j - \sum_{j \neq i} p_{ij} - 3 \times \sum_{j \neq i} p_{ji} \quad (5.1)$$

其中，π_i、g_i 分别表示被试 i 的当期的收益、公共品投资，而 p_{ij}（p_{ji}）表示源自 i（j）指向 j（i）的惩罚。

本章的各实验局均重复进行 10 期，各期的成员构成都是不同的，即采用随机匹配的方式，以此确保被试不会因为策略性考虑而惩罚或投资。一共有 4 组，计 76 位在校大学生自愿地参与了本章的实验，每组参与者最多参与两局实验，见表 5 - 1。2011 年 9 ~ 11 月，我们在山东财经大学（舜耕校区）经济学实验室开展了上述各局实验，所有实验均是通过 z-Tree 软件（Fischbacher，2007）来完成。

表 5 - 1　　　　　　各小组完成的实验详细情况

组	实验顺序	惩罚效率	小组规模
SB	SB-NP、SB-P	1:3	16
XG	XG-NP、XG-P	1:3	20
CF	CF-P	1:3	20
CO	CO-P	1:5	20

本章所有实验均严格按照实验经济学的步骤来开展。当所有被试入座后，我们首先强调，实验为有偿实验，所有参与者均获得 5 元的出场费，另加实验所得，而该部分的多寡与自己及队友在实验中的选择有关。我们还强调，实验是匿名的，实验中不允许有任何形式的交流，而且不存在任何道德上的评价。我们详细介绍实验规则、程序及收入的计算方法，并需要所有被试回答五个控制性问题，在所有被试都能正确回答这些问题之后，实验才开始进行，这样以确保所有被试都能正确理解实验及其所面临的两难选择。实验过程中获得的收入均以 1:0.03 的比例兑换成人民币。被试的平均收入为 11.58 元，标准差是 3.56。

第四节 实验结论

一、标准公共品实验结论——历史的重现

结论1：标准公共品实验中，公共品自愿供给显著存在，但随着实验重复进行而下降。

表5-2行（1）至行（3）描述了标准公共品实验的公共品供给情况。各实验局中，被试的行为方式较为相近：第一期，两个实验局的平均贡献量分别为6.5625（标准差为1.41274）、6.75（标准差为2.695676），占到初始禀赋的32.8%和33.75%；但是，到最后一期，分别为4.3125（标准差为2.49583）、4.875（标准差为2.655184）。再结合图5-1可知，即使"搭便车"是被试的占优策略，公共品自愿供给显著存在，但整体而言，随着实验的重复进行而下降。该结论和国内外相关研究的是一致的（Ledyard，1995；周业安和宋紫峰，2008；汪崇金等，2012），或者说是历史研究的再现。

表5-2 NP实验局和P实验局的公共品供给情况

实验局	全部10期		首期		末期	
	均值	标准差	均值	标准差	均值	标准差
NP（1）	5.796875	2.759876	6.65625	2.119181	4.59375	2.550893
SB-NP（2）	5.58125	2.219048	6.5625	1.41274	4.3125	2.49583
XG-NP（3）	6.0125	3.203747	6.75	2.695676	4.875	2.655184
P（4）	10.28611	4.037957	9.972222	3.67607	10.94444	4.133103
SB-P（5）	11.3375	2.520077	10.375	2.825479	12.6875	2.676285
XG-P（6）	9.445	4.768719	9.65	4.283076	9.55	4.605203
CF-P（7）	8.845	1.753955	8.45	1.986136	10	2.772041
CO-P（8）	9.085	3.105802	9.45	3.48644	9.1	3.354494

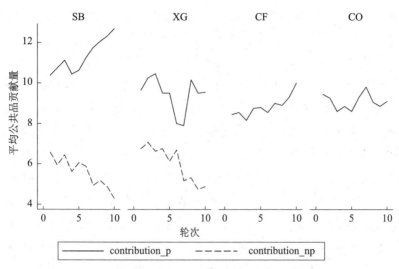

图 5 - 1 NP 实验局和 P 实验局的平均公共品贡献量的走势

二、利他性惩罚对公共品供给的效果分析

结论 2：惩罚机制的引入能够提高公共品自愿供给水平，但四个实验局的公共品供给总体情况展现出不同特征。

表 5 - 2 中的行（1）至行（6）分别描述了 SB 与 XG 两个小组在 NP 和 P 实验局的公共品供给情况，其中，行（1）和行（4）为汇总数据，在有惩罚机制的实验中，首期的公共品贡献量平均达 9.9722 单位，比无惩罚机制实验的首期贡献量高出近 50%；末期的公共品贡献量平均值达到 10.944 单位，大约是无惩罚机制下的 2.4 倍。行（2）、行（5）和行（3）、行（6）分别对应于 SB 和 XG 小组在 P 和 NP 实验局公共品供给情况，而图 5 - 1 中前两个部分直观地呈现了两小组在两种制度下各期公共品供给水平。从中可以看出，惩罚机制的引入能够增加公共品自愿供给。对两小组在两种制度下公共品贡献量进行 Wilcoxon 秩和检验，得到的 z

值分别为 - 3.780（Prob > | z | = 0.0002）和 - 3.787（Prob > | z | = 0.0002），从而进一步证实了上述结论。

不过，本章四个有惩罚机制实验局的各期公共品供给呈现出不同特征。图 5 - 1 中实线描述了各个 P 实验局公共品供给的整体走势，再结合表 5 - 2 的行（5）至行（8）数据，我们可以看出，在 SB 与 CF 小组进行的 P 实验局中，公共品供给水平呈上升走势；进一步地，以"公共品贡献量"为因变量、"时期"为自变量进行回归分析也显示，无论是从个体来看还是以整体而言，回归系数均显著为正。这说明，在这两个实验中，惩罚机制对于公共品自愿供给的影响是积极的、显著的；而在 XG 与 CO 小组进行的 P 实验局中，公共品供给呈现高位振荡，个体或整体的"公共品贡献量"对"时期"的回归系数均为负值，尽管显著水平均不高，但可以说明，与前两个实验局相比，这两个实验局中的惩罚机制对促进公共品自愿供给的效果并不明显。[①] 更值得一提的是，从表 5 - 2 来看，在 XG 和 SB 小组的 P 实验局中，个体贡献量的均值和标准差从首期到末期表现为反方向变化。具体而言，在 SB 小组的 P 实验局的末期，个体贡献量均值增加、方差减小，再次说明惩罚促进了合作规范的形成；而在 XG 小组的 P 实验局中，均值减小、方差增大，这表明到实验末期，首期的合作水平没能维持下去，相反，"搭便车"的程度更为严重。

需要提醒的是，在 XG 小组的 P 实验局中，惩罚效率上升至1:5，原则上讲，此处的惩罚对"搭便车"行为的威慑效果应该更为明显，但是，无论是从首期的公共品供给水平还是从其整体走势来看（见表 5 - 2），均未发现这一迹象。由此可见，惩罚机制在本章实验中体现出的效果是不同的，因此，我们需要更细致地审

---

① 鉴于篇幅原因，此处没有提供具体的分析结果。

视"惩罚"对促进公共品自愿供给的作用。

三、第二层次的"搭便车"问题分析

结论3：对于"搭便车"者的惩罚广泛存在，但是，被试惩罚他人的意愿相对而言并不高。

在本章四个P实验局中，全部10期共有2280次惩罚机会，实际发生的惩罚为413次，占比为18.11%；其中，前6期共有1368次的惩罚机会，实际发生261次，占比为19.08%。而在费尔和盖切特（2002）的6期实验中，共有4320次的惩罚机会，实际发生的惩罚为1270次，占到29.40%。在安德森和普特曼（Anderson and Putterman，2006）的5期实验中（216人，5期，每组3人），一共有2160个惩罚机会，实际发生的惩罚达671次，占比高达31.1%；扣除惩罚成本为0的观察，实际发生的惩罚次数占所有惩罚机会的比例也达到27.24%。另外，在费尔和盖切特（2002）实验中，全部6期中一共实施了5次以上惩罚的被试占到34.3%，实施了10次以上的被试占到9.3%，这些被试表现出较高程度的利他性，而在本章四个P实验局的前6期，相应的占比均相对较小，分别为28.95%和6.58%。通过对比，我们不难发现，相对而言，本章实验的被试对他人惩罚的意愿并不高。

下面，我们从被罚对象的角度来判断惩罚的轻重。图5-2描述了被罚者的贡献量和其队友均值的偏离程度与被惩罚程度间的关系，其中，横轴表示偏离程度，纵轴表示被他人惩罚的点数总和（未乘3或者5）。

对全部10期与前4期的被惩罚可能性和被惩罚程度进行 Wilcoxon 秩和检验显示，无论在哪个区间，两个考察时间段的被惩罚可能性（$Z = -0.732$，$P = 0.4641$）与被惩罚程度（$Z = 0.404$，$P = 0.6863$）均无显著差异。直方条上面的数字为居于此区间被惩

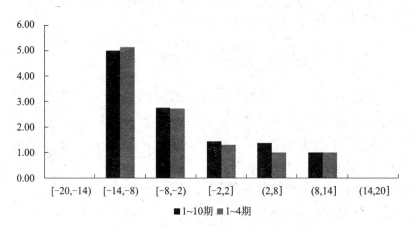

图 5 - 2 偏离程度与被惩罚情况

注：直方条上面的数字为居于此区间被惩罚的观测数占此区间总观测数的比例，"－－"表示此区间无观测数。

罚的观测数占此区间总观测数的比例，也就是说，贡献量居于相应区间的被试遭受队友惩罚的可能性，数据显示，贡献量低于队友平均量的被试并不必然遭到队友的惩罚，这同我们的直觉判断可能并不一致。图 5 - 2 中的直方图是就被惩罚的被试而言的，直方图的高低表示贡献量居于相应区间的被试遭受惩罚的平均点数，数据显示，被试的贡献量对队友贡献量均值的偏离程度越大，被惩罚的程度越大，这个结论符合人们的直觉。但是，在费尔和盖切特（2002）前 4 期的实验中，如果被试的供给量低于他人平均贡献量 8 ~ 14 单位时，平均遭受超过 6.5 单位的惩罚；而在本章 P 实验的前 4 期，同样程度的偏离，面临的惩罚点数平均仅为 5.13 单位。由此可见，在本章实验中，被试遭受的惩罚相对较轻。

表 5 - 3 行（1）至行（5）运用计量经济学的方法对上述问题进一步研究的结果。所有模型的因变量均为被试当期遭受队友惩罚的点数之和，在模型 1 和模型 2 中，自变量为被试当期贡献量对队友平均贡献量的偏离值，模型 3 分别以正向偏离和负向偏离作为

自变量。需要进一步指出的是，在费尔和盖切特（2002）的相关计量分析结果中，负向偏离的系数为 0.622（P = 0.0005），而在本章中，除了 CO 小组的 P 实验局外，其他实验局中的该系数都相对较小。

表 5 – 3　　　　　　被惩罚程度与偏离程度之间关系分析

实验局	模型 1（混合）	模型 2 Tobit	模型 3（Tobit）	
			Undercontribution（Negative > 0）	Overcontribution（Positive > 0）
P（all）（1）	− 0.2056792 ***	− 0.4940493 ***	0.614394 ***	− 0.0607623
SB-P（4）	− 0.3171174 ***	− 0.4697859 ***	0.6141948 ***	− 0.1667368
XG-P（3）	− 0.1641205 ***	− 0.4291708 ***	0.5930205 ***	0.0043877
CF-P（2）	− 0.1812816 ***	− 0.46471 ***	0.5684675 ***	− 0.0027458
CO-P（5）	− 0.2659329 ***	− 0.6856648 ***	0.6975931 ***	− 0.1173618

综上所述，我们不难看出，在本章四个 P 实验中，无论是惩罚的频率还是惩罚的力度均不强，"搭便车"并不必然招致队友的惩罚。这就无怪乎，在本章实验的末期，有 22.37% 的被试选择了"抽逃"，平均减少 2.88 单位的供给，最大降幅达 10 单位。其中，在 XG 和 CO 小组的 P 实验局中，均有 1/4 的被试减少了供给，平均减少 3.2 单位和 4.4 单位，而在 CF 和 SB 小组的 P 实验局中，抽逃现象相对较少，但平均而言，减少量也分别达到 1.33 单位和 1.75 单位。由此可见，在本章实验中，惩罚机制的威胁仍不够明显。

第五节　结论与讨论

本章以中国在校大学生为被试对象，开展了一系列相关的公共品实验，描述了强互惠行为及其对公共品供给合作的影响。我们发现，强互惠理论在本章中得到了进一步的证实。在公共品自愿供给情境中，尽管"搭便车"是每位被试的占优策略，但是，大多数被试表现为积极的强互惠，公共品供给量显著不为零；同时，对于他人的"搭便车"行为，不少被试回以消极的强互惠行为，即减少贡献或拒绝贡献，在具有惩罚机制的实验中，他们还不惜花费个人成本去惩罚"搭便车"者。

尽管如此，我们并不能因此而乐观地认为，强互惠理论一定能够带领我们走出公共品自愿供给过程中的"囚徒困境"。本章以中国在校大学生为被试对象的研究显示，强互惠行为对促进公共品自愿供给合作的效果是存在的，但是，与国外相关文献结论相比，本章中来自强互惠者的惩罚对公共品合作的影响并不稳健，这可能是源于被试在实验外习得的社会经验所致，体现在两个方面：其一，在实验的惩罚阶段，"不作为"是许多被试的选择，本章已经进行了相关分析；其二，对合作者的恶意惩罚为自愿供给公共品的合作产生了不可忽视的消极影响，对此，我们将在下一章展开进一步的研究。

利他性惩罚机制还存在另一个问题，即竞争性。本章实验以及其他基于费尔和盖切特（2000）设计的实验，都是将利他性惩罚机会当作外生变量，由实验者设定惩罚机会。但一个值得怀疑的问题是，如果人们可以在惩罚机制或无惩罚机制中选择，他们会选择惩罚机制吗？这样的质疑不无道理。第一，本章已经证实，有些被试并不乐于使用私人惩罚机会，为了促进合作，无论是施罚者还是惩罚者，他们都付出了代价，这样的惩罚机制属于低效率的策略。第二，由于这样的惩罚并非来自权威的公共机构或第三方，而是同侪朋辈，也可能导致本能的憎恨。正如后面的章节中将要详细分析的反社会惩罚，甚至导致有关文献中介绍的世仇现象。总而言之，这些可能会导致人们选择无惩罚机制。

　　鉴于上述讨论，我们基于居雷尔克等（Gürerk et al.，2006）的实验结构，开展了进一步的研究。具体而言，每期实验包括3个阶段，依次为：制度选择阶段（S0）、自愿贡献阶段（S1）和奖惩阶段（S2）。在S0阶段，被试同时且独立地选择"奖惩制度"（SI）或"无奖惩制度"（SFI），在SFI环境下，既不允许被试"奖励"他人，也不允许"惩罚"他人，而在SI环境下，则反之。在S1阶段，被试与那些在S0阶段和自己相同选择的其他被试一起进行公共品自愿供给（VCM）博弈，该阶段每位被试均被赋予20单位的禀赋，然后在私人账户与公共账户间配置，私人账户投资的回报为1，为自己独享，公共账户投资的边际回报为1.6，为小组所有成员均等分享。也就是说，在S1阶段，被试处于"社会困境"：如果每位被试都为公共账户贡献出自己的全部禀赋，则会实现集体利益最大化；但是，就个人而言，选择"搭便车"是最优策略。在S1阶段，所有被试同时决策，并被告知队友的公共品贡献量，随后进入S2阶段。在S2阶段，每位被试再次获得20个单位的禀赋（不同于费尔和盖切特等的文献）。在SFI环境下无奖惩可言，该20单位的禀赋将直接转换为被试等量的私人收益，被试无须作任何选择；在SI环境下，被试可以运用该20单位的禀赋奖励或惩罚任何一位自己的队友，需要注意的是，每位被试用于奖励或惩罚的总成本不得超过20单位，若有剩余，则直接转换为其私人收益。实验是匿名的，惩罚效率也是1:3，每期实验的最后阶段是本轮实验的信息披露环节。披露的信息包括两种制度环境下公共品平均贡献量、用于对他人奖惩的分值、受到他人奖惩的分值，以及当期的收入等。

　　实验结论显示，相对于SFI机制而言，SI机制具有明显的竞争优势，这一优势主要体现在以下三个方面：首先，在实验开始的时候，有1/3的被试是不愿意加入SI的，尽管也有人中途选择了

SFI 机制，但是，随着实验的开展，有越来越多的人选择了 SI 机制，到第 10 期，选择了 SI 的被试占到 91.18%；其次，两种制度下，公共品贡献量差距明显，以最后一期为例，SI 制度下的贡献量为 8.90 单位，而 SFI 制度下的贡献量为 2.67 单位；最后，从收益情况来看，在 SFI 环境下，合作收益非常小，被试收益基本上为 40 单位偏上一点，而在 SI 环境下，尽管在实验初期，惩罚机制消耗了一定量的资源，使得 SI 在收益上处于劣势，但随着实验的进行，这种现象很快得以扭转，显现出 SI 机制在收益上的优势。

第六章 不可知惩罚与公共品自愿供给的实验研究

第一节 引 言

尽管利他性惩罚在理论与实践界得以重视与重用，但从微观个体的决策过程来看，利他性惩罚本身能否维系社会合作还存在"是否可信"的问题。从强互惠理论提供的解释来看，利他性惩罚并非自动触发行为，而是受情感、内在化的标准、社会性偏好等使然（Fehr and Gächter, 2000；2002；Sanfey et al. , 2003）。因此，在一个群体中，利他性惩罚倘若能够发挥社会控制职能、维系社会合作，则至少隐含着这么两个条件：第一，人们会积极利用私人惩罚机会，对违规、卸责、"搭便车"等行为实施利他性惩罚；第二，人们在社会互动中逐渐形成了这样的预期与判断：一旦自己破坏了社会合作规范便会遭到他人的利他性惩罚。前者为"是否存在"的问题，后者为"是否可信"的问题，两者如同一枚硬币的两个方面。从现有文献来看，大多数研究聚焦于前者，为人类具有强互惠行为特征的论断提供了强有力的证据，而鲜有研究涉及后者。实际上，"是否可信"是利他性惩罚作用机理的重要环节，是真正发挥社会控制职能的力量体现。只有当人们相信他人会实施利他性惩罚时，它才能形成有效的威慑①，进而约束人们的行为选择。

鉴于上述思考，本章运用弗登伯格和帕塔克（2010）的实验设计，重新审视了人们的利他性惩罚意愿，分析了人们对他人实施的利他性惩罚预期及其对公共品自愿供给的影响。分析显示，更为严格意义上的利他性惩罚普遍存在，但"搭便车"者往往会低估他人的利他性惩罚，这是利他性惩罚机制在现实生活中不足以抑制违规、卸责、"搭便车"等机会主义行为的原因。针对当前中国社会的利他性惩罚乏力、利他性惩罚预期不足的基本判断，本章结合社会治理实践，提出了若干强化利他性惩罚（预期）的政策建议。本章的创新之处至少体现在以下三个方面：第一，按照更为严格的定义，重新审视利他性惩罚"是否存在"，这是对弗登伯格和帕塔克（2002）结论的有益补充；第二，运用实验的方法定量描述了利他性惩罚预期及其对社会合作的影响，从而拓展了人们对利他性惩罚作用机理的理解；第三，发现"搭便车"者之所以不合作，不是因为对他人的利他性惩罚视而不见，而是低估了他人的利他性惩罚。本章下面的内容是这样安排的：第二节为文献综述，第三节介绍实验设计与过程，第四节对实验结果展开分析，第五节为进一步的讨论与相关启示。

第二节　相关文献综述

一、利他性惩罚（预期）与公共品合作的实验研究

公共品实验因其多方互动的特点更能反映日常生活中的社会

---

① 本章中"利他性惩罚预期"与"利他性惩罚威胁"所指对象相同，只是分析的视角有所不同而已。

合作问题（Thöni et al.，2012），所以常被籍以研究利他性惩罚对社会合作的影响，这方面的研究发端于费尔和盖切特（2000）。费尔和盖切特在标准公共品实验中新增了一个私人惩罚阶段，允许被试花费个人成本对他人实施惩罚。他们的实验结论显示，对于"搭便车"行为的利他性惩罚普遍存在，且能维系较高水平的公共品自愿供给合作。在随后的十多年里，大量学者基于费尔和盖切特的实验设计（下文简称"F&G 设计"），以不同文化背景的个体为实验对象，一遍遍复述着与他们相同的乐观结论（Masclet et al.，2003；Bochet et al.，2006；Carpenter，2007；Sefton et al.，2007；宋紫峰和周业安，2011）。

然而，环顾左右，如此乐观的实验结论与现实观察似乎并不一致，实验设计可能塑造了一个不同于现实的互动情境。在现实生活中，利他性惩罚并不多见，成员间的相互制衡往往不足以维系某一行业或社会的自治。人们不禁要问，F&G 设计究竟在多大程度上刻画了真实世界？是不是夸大了利他性惩罚及其对社会合作的影响？对于 F&G 设计，实际上有很多学者并不满意，并提出了诸多质疑。[①] 在后续的拓展性研究中，有些质疑得以化解，而有些却不断强化并更具颠覆性。其中一个质疑是，F&G 设计所量化的惩罚皆为利他行为而无个人利益诉求吗？

这种质疑并非空穴来风。首先，实验一般是重复进行多期，即使各期的小组成员构成不同，创设了一次性博弈情境，但无法避免群体成员行为的交互影响。重复性博弈理论甚至怀疑，由于认知的局限，被试可能会错误地把一次性博弈当作重复博弈。总之，被试可能会试图通过惩罚他人，而增加自己未来的预期收益（Fudenberg and Pathak，2010；Neugebauer et al.，2009），因此，

---

① 连洪泉、周业安等（2013）提到其中的三点疑虑。

F&G 设计很难厘清被试对他人的惩罚不是出于策略性动机。其次，在实验中，被试在下一轮互动前知晓自己在上一轮被惩罚的信息，这可能会激发他们报复他人的动机。尽管被试并不知晓指向自己的惩罚究竟源自何方，无法进行针锋相对的报复，但一些被试一旦遭受惩罚，便会猜想针对他的惩罚可能源自合作者，甚至会将所有的合作者都作为"敌人"，并施以报复，这种惩罚在文献中被称为盲目的报复（blind revenge）；还有一些"搭便车"者担心合作者将会对其实施惩罚，因而先"下手"惩罚他们，这种惩罚在文献中被称为居心不良的报复（spiteful revenge）（Ostrom et al.，1992；Fehr and Gächter，2000）。可以看出，F&G 设计也很难厘清被试对他人的惩罚不是出于报复性心理。

利他性惩罚实验研究正是在质疑声中不断推进。如何排除策略性动机或报复性心理的干扰，从而更为客观地评估利他性惩罚及其对社会合作的影响呢？弗登伯格和帕塔克（2010）提供了一个新的研究范式。他们在当局实验结束后才公布惩罚信息，而不再像 F&G 设计那样在每轮实验结束后就公布。换言之，被试在实验过程中无法知晓自己被惩罚的信息，这种设计因此被称为不可知惩罚设计（unobserved punishment treatment）。与此相对应，F&G设计又被称为可知惩罚设计（observed punishment treatment）。不可知惩罚设计模糊处理了惩罚信息，不仅截断了策略性动机的利益传递渠道，还排除了报复性心理的信息来源，更适合定量分析利他性惩罚对社会合作的影响。

需要强调的是，弗登伯格和帕塔克的不可知惩罚设计还可籍以评估利他性惩罚预期（威胁）对社会合作的影响。利他性惩罚预期（威胁）是个更具现实意义的话题。首先，惩罚一般不为被罚者乐见，可能引发报复甚至是世仇（Denant-Boemont et al.，2007；Nikiforakis，2008；Nikiforakis et al.，2011），因此，在现实生活中常常被模糊化处理，是背地的、隐蔽的，即使确实发生了，但人们很难观测到（Casari，2012）。例如，背后说他人的闲话（gossip）（Feinberg et al.，2012）、投反对票等。其次，人们很少面临与历史完全相同的决策情境，更多的是不同于以往的社会互动，在新的社会互动中并无历史信息可鉴。总而言之，在绝大多数决策情境中，人们只能依据自己的社会习得与先验判断，对他人行为作出预期和估计，并依据这些预估作出选择。弗登伯格和帕塔克（2002）的不可知惩罚设计正好勾勒出这一现实情境，稍做调整便可用以分析利他性惩罚预期（威胁）及其对社会合作的影响。

二、社会性偏好异质性与利他性惩罚（预期）

对人性本质的理解构成了所有社会科学的基础，经济学也不例外。二百多年来，主流经济学都是将人抽象为追求自身利益最大化的经济人（homo economicus）。不过，对于自利假设是否合理有效的质疑一直存在，只是由于缺乏足够的行为证据，主流看法未曾被撼动。直到近几十年来，大量的行为实验研究发现，人并不是具有同质的自利偏好，而是深刻地受到生活环境、社会规范和文化传统的复杂影响，具有异质的社会性偏好（The World Bank，2015）。

菲施巴赫尔等（2001）的两阶段公共品实验为社会性偏好理论提供了有力证据，也成为定量分析个体社会性偏好异质性的基本范式。他们基于泽尔滕的策略性方法，设计了一个两阶段公共品实验，通过激励相容约束机制，在给定他人公共品贡献量信息时，让被试选择自己的公共品贡献量，并据此将被试分为"搭便车"者、条件性合作者、驼峰型合作者等类型，从而首次运用公共品实验定量分析了个体社会性偏好的异质性（汪崇金和聂左玲，

2015）。这一方法很快在学术界引起了广泛关注。首先，穆勒等（Muller et al.，2008）、科赫等（Kocher et al.，2008）、赫尔曼和索尼（Herrmann and Thöni，2009）、周业安等（2013）、周晔馨等（2014）先后以不同文化背景的个体为被试对象，复制了菲施巴赫尔等（Fischbacher et al.，2001）的实验，在跨文化研究中验证了这种方法的有效性；其次，沃尔克等（Volk et al.，2011）、索尼等（2012）分别基于"大五"人格因素模型、世界价值调查（world values survey），运用人格特质和价值取向来解释个体社会性偏好的稳定性，在跨学科研究中证实了这种方法的有效性。总而言之，菲施巴赫尔等定量分析个体社会性偏好异质性的方法，不仅为社会性偏好异质性假说提供了实验证据，而且已发展为理解人的行为特征的重要工具。

上述研究是从异质性社会性偏好的视角来理解人们的条件性合作行为，值得强调的是，新近的研究突破了既有的框架，开始以异质性社会性偏好的思维来理解人们的利他性惩罚行为。例如，鲁斯塔西等（2010）运用菲施巴赫尔等方法，分析了埃塞俄比亚49 个森林使用者团体（forest user groups）成员的社会性偏好类型与他们在现实生活中用于监管共有森林的时间之间的相关性。监管共有森林需要个人付出成本，而受益于全体成员，这类似于公共品实验中的利他性惩罚。不难看出，鲁斯塔西等的研究已经从个体社会性偏好异质性的视角剖析利他性惩罚行为的特征，这实现了条件性合作研究与利他性惩罚研究的融通，也拓展了人们理解利他性惩罚的视野。本章将参照鲁斯塔西等的研究思路，从异质性社会性偏好的视角，来理解个体间利他性惩罚预期的异同，这将有利于人们更为深入地认识利他性惩罚预期及其对社会合作的影响，并针对性地进行制度安排、组织公共教育等。

第三节　实验与数据

一、实验设计与过程

本章基准实验为费尔和盖切特（2000）的可知惩罚实验。具体而言，每 4 位被试被随机地分成一组，依次进行两个阶段的实验。在第一阶段，实验者分给每位被试 20 单位实验币，要求他们在公共账户与私人账户之间配置。投入到公共账户的实验币为公共品贡献量，与小组其他成员（下文称"队友"）投入的汇总至一起，用于购买公共品。公共品价值是贡献量总额的 0.4 倍，由小组成员非竞争性地、非排他性地共享；投入到私人账户的实验币则直接计为个人所得。在第二阶段，实验者告诉被试其三位队友在第一阶段的公共品贡献量，并允许其对队友实施惩罚。施罚者每作出 1 单位的惩罚，自己需要支付 1 单位实验币，受罚者将损失 3 单位实验币，即惩罚效率设为 1 : 3。综上所述，被试 i 在两阶段公共品实验中获得的实验币数量可用公式（6.1）表示：

$$x_i = (20 - g_i) + 0.4 \times \sum_{j=1}^{n} g_j - \sum_{j \neq 1} p_{ij} - 3 \times \sum_{j \neq 1} p_{ji} \quad (6.1)$$

其中，x 表示实验币数量，g 表示公共品贡献量，p 表示惩罚点数，下标 ij（ji）表示施罚者为 i（j）、被罚者为 j（i），系数 0.4 为单位资本边际回报率，系数 3 表示惩罚效率。

本章主要实验为不可知惩罚实验。借鉴弗登伯格和帕塔克（2010）的做法，本章对上述实验设计中信息发布时点做了调整。在可知惩罚实验中，被试在当期实验结束后、下期实验开始前，会知晓自己被惩罚的情况，而在不可知惩罚实验中，被试直到当局实验结束后才能知晓，在实验过程中只能凭借自己在实验外的社会习得，根据自己和队友的公共品贡献量信息，估计他人对自己的惩罚。为了进一步量化个体利他性惩罚预期及其对公共品自愿供给的影响，本章在新近完成的 T1、T2、T3 三个实验局中，在不可知惩罚实验中增加了两项任务：第一，为了提取个体对他人惩罚的预期信息，要求他们对其他三位队友的惩罚一一作出估计。第二，为了获取个体对他人的合作预期，还要求被试在公共品投资阶段估计其他队友公共品贡献量的平均值。参照费尔和盖切特（2002）的做法，对估计准确的被试给予额外的奖励。

本章共设 6 个实验局，每个实验局最多包括两个实验，见表 6 – 1。每个实验重复进行 10 期，每期的小组成员构成均不相同。需要特别强调的是，为了确保被试的惩罚预期是源自实验外的社会习得而不受实验过程的影响，本章在同时设有可知惩罚实验与不可知惩罚实验的实验局中，都以不可知惩罚实验开局。[①] 来自山东财经大学舜耕校区的 120 位在校大学生自愿参与了实验，每位被试最多只参与一个实验局。他们是在实验室通过 z-Tree（Fischbacher，2007）实验平台完成各项实验任务。实验开始前，实验者分发实验说明，大声朗读并解释实验情境，然后要求被试回答 10 个控制性问题。在所有被试正确回答这些问题后，实验才正式开始。为了控制实验者对实验结论的影响，各局实验均由同一组人负责组织实施。实验耗时 50 ~ 90 分钟不等。加上 5 元出场费，被试平均收入为 18.57 元。

---

① 这与弗登伯格和帕塔克（2010）的有所不同。

表6-1　　　　　　　　　实验局设置

实验局	编码	实验顺序	规模	估计	实验时间
1	C1	O-P-treatment	16	否	20060204
2	T1	Uno-P-treatment	20	有	20131129
3	T2	Uno-P-treatment	24	有	20131029
4	C2	Uno-P-treatment	20	否	20130516
5	C3	Uno-P-treatment、O-P-treatment	20	否	20060206
6	T3	Uno-P-treatment、O-P-treatment	20	有	20131105

注：O-P-treatment 表示可知惩罚实验，Uno-P-treatment 表示不可知惩罚实验。

二、个体社会性偏好异质性

本章基于社会性偏好异质性，从个体微观层面上理解利他性惩罚预期（威胁）及其对社会合作的影响，因此，需要划分个体社会性偏好类型。具体而言，本章参考菲施巴赫尔等（2001）、费尔和盖切特（2000）、库尔茨班和豪瑟（2005）等的做法，在T1、T2 和 T3 三个设有估计任务的实验局中，获取了被试对他人公共品贡献量的预期（即合作预期），然后以被试公共品贡献量为因变量，以被试对他人的合作预期为自变量，做最小二乘法回归分析，获得截距和回归系数，并通过 Stata 中的 Predict 命令计算被试拟合的公共品贡献量，再以拟合的贡献量和被试对他人的合作预期画出线性条件贡献曲线（linear conditional-contribution profile，LCP）。最后，按照线性条件贡献曲线、y = 5 参照线，以及前述的截距和回归系数，将被试划分为"搭便车"者、互惠者、合作者以及其他类。见表6-2。

表6-2　　　　　　　　社会性偏好分布

类型	代码	标准	占比	K 和 H（2005）
"搭便车"者	1	LCP 在 y = 5 参照线以下	27%	20%
互惠者	2	在 y = 5 参照线上下波动，斜率显著为正	55%	63%
合作者	3	LCP 在 y = 5 参照线以上	12%	13%
其他类	4	无法归为上述的	6%	4%

这里有两点需要说明。第一，本章划分社会性偏好类型的基础数据不是运用菲施巴赫尔等的策略性方法提取的贡献量向量，而是基于直接回应法获取的合作预期。从费尔和盖切特（2000）、汪崇金等（2012）、聂左玲和汪崇金（2013）的研究来看，这两种方法得到的分类结果是一致的。第二，本章划分社会性偏好类型的方法与库尔茨班和豪瑟（2005）的相似，借用的是线性条件贡献曲线、参照线及各项参数。从表6-2后两列数据来看，本章中个体社会性偏好类型分布与库尔茨班和豪瑟（2005）的大致相同，这也佐证了本章就个体社会性偏好类型的划分是有效的。

第四节　实验结果

一、利他性惩罚威胁能够维系公共品自愿供给合作吗？

首先从整体上来看公共品自愿供给情况。图6-1中的虚线和实线分别描述了两种设计实验中公共品平均贡献量的走势。直观判断，在可知惩罚实验中，公共品平均贡献量稳定在较高水平，而在不可知惩罚实验中呈明显下降走势。进一步的计量分析佐证了这一直观判断。在可知惩罚实验中，各期公共品平均贡献量对期数的回归系数为0.0902（P=0.077），这说明公共品平均贡献量并未随实验的重复进行而下降，公共品自愿供给合作较为稳定；而在不可知惩罚实验中，回归系数为-0.3546（P=0.000），存在明显的"期数效应"，公共品自愿供给合作不断退化。利他性惩罚机制在可知惩罚实验中能够维系合作，这不仅与国外相关研究的结论相同，与同以中国大学生为被试对象的实验结论也一致（Herrmann，2008；宋紫峰和周业安，2011）。这也从一定意义上证明本章实验结论具有较高的可信性。就可知惩罚实验的结论在此不再赘述。

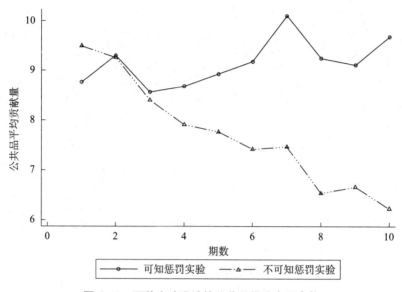

图 6 - 1　两种实验设计的公共品供给水平走势

下面，就不可知惩罚实验结论做进一步分析。图 6 - 2 具体描述了本章 5 个不可知惩罚实验中公共品平均贡献量的走势。从中不难看出，不可知惩罚实验的公共品平均贡献量均随着实验的重复进行而呈下降走势。各实验中，公共品平均贡献量对期数的回归系数分别为 - 0. 0854（P = 0. 271）、 - 0. 6429（P = 0. 002）、 - 0. 1994（P = 0. 052）、 - 0. 3291（P = 0. 000） - 0. 4585（P = 0. 000）。尽管显著性水平高低不一，但这些均为负值的系数足以说明，不可知惩罚实验中的公共品自愿供给合作随着实验的重复进行不断退化，再次佐证了图 6 - 1 中虚线部分所呈现的结论。

结论一：利他性惩罚威胁不足以维系公共品自愿供给合作。

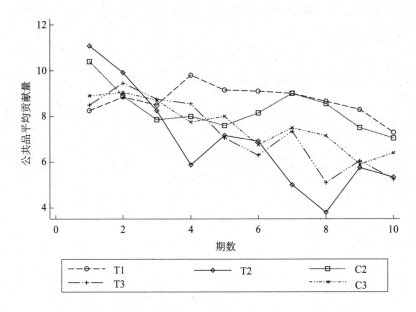

图6-2 不可知惩罚实验公共品供给水平走势

二、实施利他性惩罚的意愿下降了吗?

上文结论显示，公共品自愿供给合作在可知惩罚实验中能够得以维系，在不可知惩罚实验中却未能。直觉上的疑问是，在惩罚不可知时，人们还会实施利他性惩罚吗? 若还会，他们实施惩罚的力度是否有所下降? 下面就这些问题展开分析。

1. 惩罚的分类

首先，我们对实验中的惩罚做个直观的认识。分析实验中个体之间的惩罚时，有三个公共品贡献量可作为参照点：施罚者的贡献量、被罚者的贡献量和小组平均贡献量。两两比较则形成了三个考察维度：一是施罚者的贡献量是否高于被罚者的贡献量（Herrmann et al.，2008；Chaudhuri，2011）；二是被罚者的贡献量是否高于小组平均贡献量（Cinyabuguma et al.，2006；Bochet et al.，2006）；三是施罚者的贡献量是否高于小组平均贡献量。据此，实验中的私人惩罚大致可分为 6 类，其分布情况详见图 6 - 3。

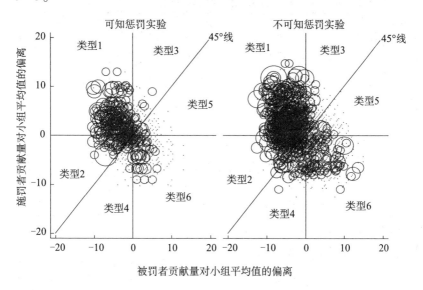

图 6 - 3　真实惩罚的散点图

注：x = 0 参考线比较的是被罚者的贡献量与小组的平均贡献量，y = 0 参考线比较的是施罚者的贡献量与小组的平均贡献量，而 45°线比较的是施罚者的贡献量与被罚者的贡献量。空心圆圈的大小表示惩罚点数的大小。空心圆圈的多少表示惩罚的观测数，不可知惩罚实验中的观测数远多于可知惩罚实验中的，所以右边的空心圆圈多于左边的。

现有关于利他性惩罚的实验研究要么是基于第一个维度，要么是基于第二个维度，而本章认为综合上述三个维度来考察私人惩罚是必要的。本章参照费尔和盖切特（2000）的做法设计了一个问卷，要求 C2 和 T3 实验局的 40 位被试，用 0，1，…，7 八个数字表示自己遭遇这六类惩罚时的愤怒或烦恼的强度，其中，0 表示"一点都不愤怒"，7 表示"非常愤怒"，表 6 - 3 大括号中的数据即为被试对各类惩罚的厌恶程度。从其中的差异可以看出，有必要从三个维度来细分私人惩罚。

表 6 - 3 　　　　　　　　各类惩罚的统计描述

惩罚类型 实验设计 惩罚点数	1 {1.032}	2 {3.436}	3 {4.452}	4 {4.676}	5 {5.657}	6 {6.573}	小计
可知惩罚	1.5631 (1.0564) [22]	1.4286 (1.1180) [49]	1 (0.0000) [7]	1.0833 (0.2887) [12]	1.25 (0.5000) [4]	1.4651 (0.7351) [43]	1.5 (1.0080) [346]
不可知惩罚	1.7330 (1.3952) [442]	1.5588 (0.9871) [136]	1.0952 (0.3008) [21]	1.3269 (0.7335) [52]	1.3333 (0.5164) [6]	1.2111 (0.6270) [90]	1.5780 (1.1971) [763]

注：{ } 中的数值表示厌恶程度，( ) 中的数值为标准差，[ ] 中的数值为案例数，由于部分惩罚位于参考线上未归入这六类，因此小计中案例总数大于各类的之和。

归于类型 1 至类型 3 的惩罚位于 45°线之上，是大多数公共品实验研究中所定义的利他性惩罚，即施罚者的贡献量高于被罚者的贡献量时的惩罚，但是，进一步分析可以发现，对于类型 3 的惩罚，被罚者的贡献量高于小组的平均值，从森亚布古马等（2006）、龟井和普特曼（Kamei and Putterman，2012）等新近的研究来看，这种针对高贡献者的惩罚是有悖常情的，不利于合作，因此，不符合利他性惩罚的定义。扣除了类型 3 这一部分的有悖常情的惩罚，则得到更为严格意义上的利他性惩罚。

从表 6 - 3 来看，两种实验设计中，利他性惩罚为主要部分。属于类型 1 和类型 2 的惩罚发生的次数在各类惩罚中分别占到 78.32%、75.75%；惩罚点数在各类惩罚中的占比分别是 80.35%、81.23.%。需要强调类型 6 的惩罚，施罚者的贡献量低于小组平均贡献量，更低于被罚者的贡献量，是典型的有悖常情的惩罚。表6-3数据显示，这类惩罚为数不少，不可忽视。总而言之，两种实验设计中，即使按照更为严格的定义，利他性惩罚也是普遍存在的。从而可得结论二。

结论二：即使惩罚不被知晓，更为严格意义上的利他性惩罚依然普遍存在。

2. 惩罚决策的经济分析

本节第二个问题是，惩罚在不被知晓时，个体对不合作行为的惩罚意愿是否有所下降？我们基于上述就惩罚的分析思路，参照德南特-博蒙特等（2007）、尼基福拉基斯（2008）的做法，运用 tobit 模型，按照公式（6.2）分析个体的惩罚行为。

$$p_{ij} = \alpha_0 + \alpha_1 \max\{0, c_i - c_j\} + \alpha_2 \max\{0, c_j - c_i\}$$
$$+ \alpha_3 \max\{0, \bar{c} - c_j\} + \alpha_4 \max\{0, c_j - \bar{c}\} \qquad (6.2)$$

其中，p_{ij} 表示被试 i 对被试 j 的惩罚点数；c_i（c_j）表示被试 i（j）的公共品贡献量；$\bar{c}$ 表示小组成员平均贡献量；α 为系数。计量分析的结果详见表6-4。

表6-4数据显示，在不可惩罚实验中，个体实施利他性惩罚的意愿有所下降。表6-4列（1）和列（2）数据显示，两种设计实验中的系数 α_1、α_3 均为正值，表明被试 j 的贡献量越是少于被试 i 的贡献量或小组的平均贡献量，被试 i 对其实施的惩罚就越大；系数 α_4 均为负值，表明被试 j 的贡献量越是高于小组的平均贡献量，被试 i 对其实施的惩罚就越小。综合这三个系数可以看出，在这两个设计实验中，无论是以施罚者的贡献量为参照物，还是以小组平均贡献量为参照物，队友越是不合作，个体对其的惩罚就越大，反之则相反。不过，不可知惩罚实验中这三个系数的绝对值均小于可知惩罚实验中的，这说明惩罚在不可知晓时，个体实施利他性惩罚的意愿要低。表6-4列（3）将两个设计实验数据混合到一起，并设定哑变量以作区分，计量分析显示，该

哑变量的系数为负，这也说明在惩罚不可知晓时个体实施利他性惩罚的意愿有所下降。

表 6 - 4 个体惩罚决策的经济分析

标的：被罚者（j）的贡献量	不可知惩罚实验 （1）	可知惩罚实验 （2）	混合数据 （3）
截距（α_0）	- 2.5264 ***	- 2.3697 ***	- 2.4686 ***
对施罚者（i）的负向偏离（α_1）	0.1422 ***	0.1650 ***	0.1484 ***
对施罚者（i）的正向偏离（α_2）	0.0968 ***	0.0991 **	0.0989 ***
对小组的负向偏离（α_3）	0.3128 ***	0.3407 ***	0.3238 ***
对小组的正向偏离（α_4）	- 0.1827 ***	- 0.2663 ***	- 0.1954 ***
哑变量（treatment = 0 表示 O-P-treatment）	—	—	- 0.0556 ***
似然估计值	- 2 415.81	- 1 086.43	- 3 511.19
Pseudo R^2	0.1430	0.1772	0.1529
样本数	3 120	1 680	4 800

注：上述分析是基于 Tobit 回归分析。** 表示显著性水平为 5%，而 *** 表示显著性水平为 1%。

再来看剩下的系数 α_2。两个设计实验中系数 α_2 均为正值，表明被试 j 的贡献量越是多于被试 i 的，被试 i 对其实施的惩罚就越大。这说明反社会惩罚显著存在，这与图 6 - 3 和表 6 - 3 中描述的惩罚情况是一致的，也与相关文献的结论是一致的。值得一提的是，不可知惩罚实验中的系数 α_2 的值略小于可知惩罚实验中的，这可能是因为在不可知惩罚实验中个体实施惩罚的整体意愿下降，也可能是因为个体在不可知惩罚实验中无法知晓自己被惩罚的情况，实施报复性惩罚的可能性下降。

结论三：不及时公开惩罚信息，个体实施利他性惩罚的意愿有所下降。

三、个体公共品供给的跨期调整

1. 个体利他性惩罚预期特征分析

本章在 T1、T2 和 T3 实验局中，引入激励相容机制，要求被试认真估计他人的公共品贡献量，以及他人对自己的惩罚，而且，我们在上一节已对这三个实验局的被试的社会性偏好类型作了划分。下面我们来分析，利他性惩罚威胁能在多大程度上影响被试的公共品贡献量？

在分析之前，先来对被试的惩罚预期做个直观认识。图 6 - 4 依照上述就惩罚的分类方法，描述了被试惩罚预期的分布特征。整体而言，惩罚预期与真实惩罚呈大致相同的分布特征：对类型 1 和类型 2 的惩罚的预期较大，对类型 6 的惩罚的预期也不可忽视。当自己贡献量不仅低于小组平均值而且低于他人的贡献量时，被

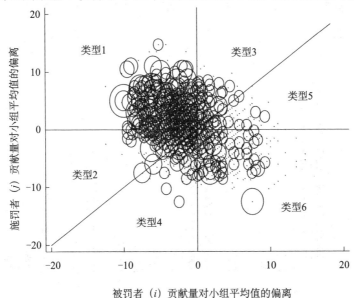

被罚者（i）贡献量对小组平均值的偏离

图 6 - 4　惩罚预期的散点图

试对自己被他人惩罚的预期较大。这类惩罚预期即为图 6 - 4 中的类型 1 和类型 2 的惩罚预期，在所有类型惩罚预期中占主要部分，案例数、惩罚点数占比均为 66.97%。类型 6 的惩罚预期案例数占比为 12.90%，惩罚点数占比为 13.00%，这两个比例仅低于类型 1 和类型 2 的，表明被试对他人实施反社会惩罚的担心相当明显。进一步的统计数据显示，对于类型 1 和类型 2 这两类惩罚，预期值与实际值差值的平均数为 - 0.093（Std. Dev. = 1.292），预期值明显低于实际值，对于类型 6 的惩罚，预期值与实际值差值的平均数为 0.055（Std. Dev. = 0.690），预期值则明显高于实际值。这些数据说明，整体来看，人们对利他性惩罚预期不足，对反社会惩罚则有所高估。

图 6 - 5 按照被试社会性偏好类型，对比了个体被惩罚的真实点数与估计点数的偏离。对于第 1、2 两类的利他性惩罚，"搭便车"者明显估计不足，互惠者的估计也略有不足但不明显，合作

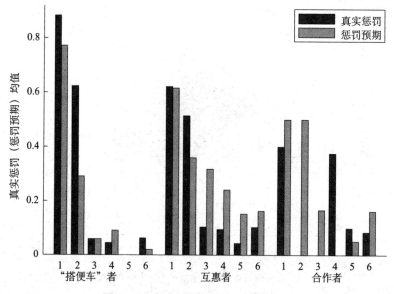

图 6 - 5 真实惩罚与惩罚预期的偏离

者则显得过于谨慎，过高地估计了这两类惩罚；对于其他 4 类惩罚，"搭便车"者仍然是估计不足，互惠者的明显偏高，合作者的无规律可循。需要强调的是，类型 6 的惩罚为反社会惩罚，合作者与互惠者均有所高估。整体而言，"搭便车"者过低估计了他人的惩罚，对于他人的利他性惩罚更是如此，合作者则相对谨慎，对他人的利他性惩罚和反社会惩罚均有所高估；互惠者介于前两者之间，对利他性惩罚有所低估，对反社会惩罚则有所高估。

　　结论四：整体而言，人们对利他性惩罚预期不足，其中，"搭便车"者对利他性惩罚的低估更为明显。

　　2. 跨期调整行为分析

　　下面，参照德南特-博蒙特等（2007）的做法，运用 tobit 模型，按照公式（6.3）分析惩罚预期对被试公共品贡献量跨期调整的影响。

$$c_i^{t+1} - c_i^t = \beta_1 \sum_{j \neq 1} belif\_ p_{ji}^t + \beta_2 (c_i^t - \bar{c}^t) + \beta_3 belif\_ c_{oi}^{t+1} \quad (6.3)$$

　　其中，c_i 表示被试 i 的公共品贡献量；$belif\_ p_{ji}$ 表示被试 i 就被试 j 对其实施惩罚的估计，即惩罚预期；$\bar{c}$ 表示小组平均贡献量，$c_i - \bar{c}$ 表示被试 i 的公共品贡献量对小组平均贡献量的偏离；$belif\_ c_{oi}$ 表示被试 i 对小组其他队友平均公共品贡献量的估计，即合作预期，t 表示期数；β 为系数。计量分析的结果详见表5。

　　先来看系数 β_1。在表 6 - 5 中，模型 1 将被试当期（t）的惩罚预期（$\sum belif\_ p_{ji}^t$）与贡献量对小组平均贡献量的偏离列为解释变量，模型 3 在模型 1 的基础上，将被试当期对他人合作的预期列为解释变量。模型 1 和模型 3 的分析结论显示，系数 β_1 的值分别为 0.0100 和 - 0.0072，且均不显著。模型 2 在模型 3 的基础上剔除了惩罚预期这个解释变量，其他系数值、显著性水平均未明显变

表 6-5　个体公共品贡献量的跨期调整分析（deltcontribution）

指标	模型 1 ALL	模型 2 ALL	模型 3 ALL	模型 4 CC	模型 5 RO	模型 6 FR	模型 7 CC	模型 8 RO	模型 9 FR
惩罚预期 (β_1)	0.010	—	-0.007	0.782**	-0.010	-0.134	—	—	—
type1-2 (β_{t-1})	—	—	—	—	—	—	1.987	-0.238	-0.323
type3-6 (β_{t-2})	—	—	—	—	—	—	1.122**	0.337	0.694
对小组偏离 (β_2)	-0.617***	-0.633***	-0.634***	-0.613***	-0.889***	-0.809***	-0.602***	-0.905***	-0.802***
合作预期 (β_3)	—	0.246***	0.246***	0.196**	0.235***	0.001	0.199**	0.239***	-0.004
Log likelihood	-1 642.2	-1 634.1	-1 634.1	-180.3	-3 171.4	-346.3	-544.4	-3 169.5	-1 038.9
Prob > chi2	0.000 0	0.000 0	0.000 0	0.000 0	0.000 0	0.000 0	0.000 0	0.000 0	0.000 0
LR chi2 (3)	180.23	196.56	196.57	30.04	589.49	49.08	82.85	593.33	147.40
Pseudo R^2	0.520	0.567	0.567	0.769	0.850	0.662	0.707	0.856	0.662

注：截距项未在表中呈现。CC 表示合作者，RO 表示互惠者，FR 表示"搭便车"者。*** , ** 分别表示显著性水平为 1% , 5%。

化。综合这三个模型，我们可看出，惩罚预期对被试的公共品供给的跨期调整影响甚微。

模型4～模型9是在模型3的基础上，对合作者和"搭便车"者的跨期调整做了进一步的分析。其中，模型7～模型9将惩罚预期细化为两部分：第一部分为被罚者抵触情绪较低的1、2类惩罚，第二部分为被罚者抵触情绪较高的3～6类惩罚。模型4和模型7分析的是合作者的跨期调整，系数β_1、β_{1-1}、β_{1-2}均为正值，尽管显著性水平不高，但可说明，合作者对于他人的惩罚预期在其公共品跨期调整过程中发挥了作用，他们对他人惩罚的预期越大，下期的公共品贡献量也越大。但从模型5和模型8、模型6和模型9来看，惩罚预期对互惠者与"搭便车"者的公共品跨期调整的影响甚微，且不显著，这与模型3的判断基本一致。

再来看系数β_2。在模型1～模型9中，解释变量均包括对小组平均值的偏离，系数β_2的值均在-0.617左右，而且显著性水平均为1%，这表明，整体而言，影响被试的公共品投资决策的主要因素是其上期公共品贡献量对小组平均贡献量的偏离值。最后来看系数β_3。模型6和模型9分析的是"搭便车"者的公共品跨期调整，这两个模型中，系数β_3值非常小，且不显著，这说明对于他人的合作预期对"搭便车"者的影响不大，这也符合文献中对"搭便车"者的定义。在其他6个模型中，系数β_3的值不仅均为正，而且均显著，这说明，无论是从整体判断，还是具体到合作者与互惠者群体，对他人的合作预期是影响个体公共品跨期调整的一个重要变量，这与以往研究的结论基本一致（Volk et al.，2011）。

总而言之，个体公共品自愿供给的跨期调整分析结果如表6-6所示。整体而言，合作预期是影响个体决策行为的主要变量，而惩罚预期未能产生影响；具体到不同社会性偏好类型的个体，两者对合作者都产生了积极的影响，对"搭便车"者均未能产生影响，而对互惠者的影响是混合的。[1]

表 6 - 6   对跨期调整的影响效果

效果类型 \ 变量	CC	RO	FR	ALL
惩罚预期	+	–	–	–
合作预期	+	+	–	+

注：类型代码表示的意思同表 6 - 5，"＋"表示影响显著且是积极的，而"－"表示影响不明显。

结论五：整体而言，利他性惩罚威胁未能影响个体的公共品自愿供给，从不同社会性偏好类型的个体来看，利他性惩罚预期仅对合作者产生了影响，而对互惠者与"搭便车"者均未产生影响。

第五节　结论与启示

作为一种非正式的社会控制手段，包括利他性惩罚在内的私人惩罚，自古以来就是维系伦理、道德、习俗、禁忌、礼仪、规矩等非正式制度的重要力量，这在经济学史研究者对现实生活中

---

[1]　个体社会性偏好的分类方法可能是影响计量分析结果的一个重要因素。本章此处的分析是以禀赋的 25% （即 $y = 5$）为参照线来定义"搭便车"者的，这是相对比较严格的界定标准。我们注意到，库尔茨班和豪瑟（Kurzban and Houser, 2005）以禀赋的 50% 作为参照线，这里我们参照这一做法，以 $y = 10$ 为参照线，对个体社会性偏好类型重新作了划分，就上述分析结论作稳健性检验。按照稍微宽松的划分标准，"搭便车"者、互惠者、合作者、其他类被试占比分别为 26.56%、54.69%、6.25%、12.50%，与表 6 - 1 中以 $y = 5$ 为参照线得到的分布特征基本相同，得到分析结论也基本相同。限于篇幅原因，在此不再赘述。

用于管理和保护公共品制度自发形成过程的研究（Ostrom，2000；Casari，2007）中也得以体现。本章运用弗登伯格和帕塔克（2010）的不可知惩罚实验设计，定量分析了利他性惩罚预期及其对公共品自愿供给的影响。研究发现，在惩罚不可知的情况下，人们仍会对"搭便车"者实施利他性惩罚，换言之，即使最大限度地排除了策略性动机或报复性心理，更为严格意义上的利他性惩罚依然普遍存在；不过，若模糊处理惩罚信息，被罚者不能及时知晓其被惩罚的情况，那么人们实施利他性惩罚的意愿有所下降。进一步的研究还发现，利他性惩罚预期及其对社会合作的影响在个体间存在显著的异质性："搭便车"者一般会低估他人的利他性惩罚，低估的利他性惩罚预期也不会改进他们的合作，而合作者常常会高估他人的利他性惩罚，并因其改进合作。整体而言，利他性惩罚预期（威胁）对人们公共品自愿供给影响甚微，不足以维系公共品自愿供给合作。鉴于此，本章有以下几点启示。

第一，利他性惩罚威胁不足是对中国社会的一个基本判断。本章的实验结论显示，被试会积极利用个体间的惩罚机会，对他人的"搭便车"行为实施利他性惩罚，但整体而言，这种不为被罚者知晓的利他性惩罚不足以维系社会合作。这是因为，人们惩罚他人的意愿普遍下降，而且大多数被试，特别是"搭便车"者，会低估他人的利他性惩罚，最终导致利他性惩罚威胁失效。需要强调的是，这与来自工业化国家的实验证据并不一致（Fudenberg and Pathak，2010）。当然，中外相同实验设计得到不同实验结论，本章并非特例。如吴佳佳等（2009）以北京的在校大学生为被试对象，复制了德雷贝等（Dreber et al.，2008）设有利他性惩罚的"囚徒困境"实验。在德雷贝等以波士顿大学学生为被试对象的实验中，合作水平明显提高，但在吴佳佳等的两个实验中，一个实验的合作水平没有明显改善，另一个实验的反而有所退化。本章与吴佳佳等基于中国被试的实验均得到了异样的结论,是中国社会自身特点使然。总而言之,本章实验是对当前中国社会的一个截影,印证了中国社会利他性惩罚乏力、利他性惩罚预期不足的现实。

第二,强化社会监督是当前社会治理的一个发力点。从20世纪七八十年代的家庭联产承包责任制,到90年代的政府间分税制、国有企业改革,"放权让利"是这两轮重大改革的主要特征,它们都是从正向激励入手。我们乐见,在当前社会治理创新的背景下,负向激励已被提上新的高度。国家在强化以公共权力为后盾的公共惩罚的同时,在各个领域畅通投诉举报渠道、发挥媒体舆论监督、鼓励同行监督,在私人惩罚与公共惩罚的良性互动中,充分发挥人们对违规、卸责、"搭便车"等机会主义行为实施利他性惩罚的亲社会特质。这一做法在本章实验中得以印证,无论惩罚是可知的还是不可知的,人们都会对他人的"搭便车"行为施以利他性惩罚。总之,作为社会控制手段之一,利他性惩罚是社会治理创新的重要推动力量,值得倚重。

第三,畅通惩罚作用路径是激发个体利他性惩罚特质的一个抓手。"协商民主"的说法近来在中国日益流行,其主要特征是,当权者积极创建各种公众参与渠道,收集公众的政策偏好,并将这些政策偏好作为一种辅助决策信息融入公共决策的过程中。这是一种有限度的公众参与,因为公众并不知道这种参与究竟能对公共决策起多大的作用,也并不清楚是如何起作用的。这种模糊有可能是有意的制度设计,以保证当权者对政策议题的绝对控制,同时又掌握了公众意见(Truex,2014)。从广义上讲,协商民主中的公众参与除了政治参与外,还包括有关公共利益、公共管理等方面的参与,其中不乏诸多符合利他性惩罚特征的行动,例如在人事安排中投反对票。从本章的实验研究来看,淡化和模糊利他性惩罚作用路径，将会降低了个体实施利他性惩罚的意愿，从而削弱了公众参与的基础。与此不同的是，一些政府服务热线，会及时主动地向举报、揭发破坏公共利益行为的提议人反馈信息，让提议人知晓其提议的实际影响，从而畅通提议人利他性惩罚作用路径。这将进一步激发个体对团体利益的关注。

总而言之，利他性惩罚是人类社会的特质，是促进社会合作的重要力量，但在当前中国社会，利他性惩罚乏力、利他性惩罚预期不足是一个基本判断。古语云"畏则不敢肆而德以成，无畏则从其所欲而及于祸"。具体到社会合作问题，只有当人们相信自己一旦违规、卸责、"搭便车"，必将受到队友的惩罚，那么这些机会主义行为将会得到抑制，从而有效维系社会合作，否则，社会合作难以维系。不难看出，引导与管理好人们的利他性惩罚预期尤为重要。当然，利他性惩罚预期与社会信任一样，建立过程耗时耗力，但一旦建立则会带来巨大的社会效率。我们注意到，作为一种社会控制手段，利他性惩罚这一亲社会行为已成为当前社会治理创新的发力点。诚然，当前中国社会还需要进一步畅通惩罚作用路径，尽快构建多层次的失信惩戒机制，从而更好地激发人们的利他性惩罚亲社会特质，强化人们的利他性惩罚预期，进一步提高公共品的共建能力与共享水平。

第七章 反社会惩罚与公共品自愿供给的实验研究

第一节 引 言

大量的公共品实验结论显示，私人之间的相互监督与惩罚会促使被试大幅度提高公共品供给量，从而维持一个较高的公共品供给水平（Fehr and Gächter，2000，2002）。这些令人振奋的结论似乎为人们走出公共品自愿供给中的"囚徒困境"提供了新的思路。然而，实验数据还显示，私人之间的惩罚也常常指向合作者（Ostrom et al.，1992；Anderson and Putterman，2006）。对于合作者的惩罚显然是不利于合作的，因此被称为"反社会惩罚"（anti-social punishment）。[1] 反社会惩罚的一个合理解释是，来自队友而非权威机构的惩罚触发了被罚者的报复行为。在现实生活中，因为惩罚他人而招致报复的案例非常普遍。我们或经历或听说，一些买家在网络购物中因为给卖家差评而遭到寄忌讳物品、"登门服务""电话骚扰"等报复，市场上甚至还出现了一些专门威胁或恐

---

① 也是不符合人之常情的，因此又被称为"有悖常情的惩罚"（perverse punish-ment）。

吓买家删除不良评价记录的"专业修改中、差评师"。类似的报复在西方国家也皆有之。2008 年 5 月，eBay 废除了自网站创建以来一直使用的"针锋相对"式信息反馈制度。eBay（北美）总裁比尔·科布（Bill Cobb）在一份声明中对此解释说，"eBay 内部数据显示，卖家对买家的负面评价采取实质性报复的可能性明显增大，甚至是一年前的 8 倍""因为报复威胁，买家不敢做出诚实的、准确的信息反馈"（Bangeman，2008）。① 在允许报复的实验中，报复性惩罚普遍存在（Nikiforakis，2008；Denant-Boemont et al.，2007）。

当然，报复性惩罚并不是反社会惩罚的全部，当惩罚者只需要支付较低的惩罚成本时，那些具有较强控制欲（Clutton-Brock，1995）、好斗性（competitive personality，Liebrand，1986）的个体更可能对他人施以惩罚，但目标并不明朗，既有不合作者，也有合作者；塞乔和中村（Saijo and Nakamura，1995）提出的，追求相对收入最大化的个体不仅会惩罚"搭便车"者，还可能会惩罚那些不惩罚"搭便车"行为的高贡献者，对于后者的惩罚是追求其相对收入的优势地位，这种形式的反社会惩罚是居心叵测的（spite）或者锦标赛式竞争（winning tournament style）（Cinyabuguma et al.，2006），对此，索尼（Thöni，2011）运用不公平厌恶模型提供了理论证据。

由此看来，反社会惩罚作为强互惠行为的一个衍生品，我们没有理由忽视其现实存在（Rand and Nowak，2011；García and Traulsen，2012）。本章试图基于不同文化背景下的中国被试寻找新的证据。

---

① Bangeman，Eric，2008. eBay's New Feedback Policy：No Real Feedback，Ars Technica，February 6 http：//arstechnica. com/news. ars/post//20080206-ebays-new-feedback-policy-no-real-feedback. html.

第二节　相关文献综述

早期的公共品实验已经注意到反社会惩罚。例如费尔和盖切特（2000）早已注意到，在单方面惩罚的实验中高贡献者同被惩罚的现象[1]，不过，与后来的实验一样，反社会惩罚现象并不盛行，对公共品自愿供给合作也无实质影响。[2] 直到最近，人们才开始注意到，反社会惩罚对于公共品自愿供给合作的破坏力。在赫尔曼等（2008）以 16 个来自不同文化和经济社会发展水平国家的被试群体（participant pools）的研究中，各被试群体所表现出来的反社会惩罚行为存在显著的差异（χ^2（14）= 69.4，$p = 0.000$）；反社会惩罚平均水平越高的被试群体，在实验中的首期公共品供给水平越低；低贡献者在被惩罚后增加的贡献量越小；惩罚对于促进公共品自愿供给合作的效果也越小。盖切特和赫尔曼（2011）在瑞士和俄罗斯的对比实验中，惩罚机制在来自瑞士的被试间维持了一个较高合作水平，而在俄罗斯并未改善公共品的供给。基于同样的实验却得到异样的结论，盖切特和赫尔曼给出的解释是，在俄罗斯的实验中，反社会惩罚是一种不可忽视的现象。

本章试图基于不同文化背景下的中国被试寻找新的证据。需要强调的是，赫尔曼等实验中的一个被试群体来自中国成都，他

---

[1]　奥斯特罗姆（Ostrom，1992）实验中也存在反社会惩罚，但是她们是在熟人间开展的实验。

[2]　森亚布古马、佩奇和普特曼（Cinyabuguma, Page & Putterman, 2006）估计在一些实验（费尔和盖切特（Fehr and Gächter, 2000），佩奇等（Page et al., 2005），博歇等（Bochet et al., 2006））中，针对小组中最高贡献者的惩罚大约占 15%，针对贡献量在小组平均水平以上被试的惩罚大约占 25%。

们表现出来的亲社会行为、反社会行为与来自西方工业国家的大致相同。对于这样的结论，尽管是我们所乐见的，基于下面的两点考虑，本章认为仍有待于更广泛的证据支持。第一，如赫尔曼等指出的，在反社会惩罚比较盛行的社会中，一般都具有下列两个特征：（1）市民合作的社会规范不强，这种社会规范可以表现为人们对逃税、福利制度滥用、公共交通逃票等的态度；（2）法律执行起来不够严厉（weak law enforcement）。对于中国被试而言，相应的指标值在所有群体中排序与反社会惩罚水平的并不一致。比如说，中国成都的法律执行（rule of law）指标值仅为 - 0.41，远低于样本平均值 0.66，仅高于明斯克（Minsk）、第聂伯罗彼得罗夫斯克（Dnipropetrovs'k）和萨马拉（Samara），但是，来自成都的被试表现出的反惩罚水平远低于这些地区的，甚至比指标值远高于平均数的波恩、哥本哈根等城市的还小。显然，这些与直觉似乎并不一致。第二，中国被试具有的独特文化背景和别样制度环境，很有可能直接影响到实验结论。吴佳佳等（2009）为我们提供一个来自"囚徒困境"实验的证据。他们以中国被试为研究对象，复制了德雷贝等（2008）在波士顿开展的实验。与德雷贝等的结论不同，他们只在其中的一个实验中发现了惩罚机制具有改善合作的效果，而另一个实验中引入惩罚机制后，合作反而有所退化。鉴如此，我们不得不反问，私人之间的惩罚能否成为公共品自愿供给不足的一剂良药？就不同于西方国家文化背景下的中国被试而言，这是一个有待进一步研究的实证问题。

第三节 实验设计与过程

在标准公共品实验中引入惩罚机制，惩罚并不如我们所估计的一致性地指向"搭便车"者，此类反常的惩罚为本章主要研究的内容。应该说，本章是第五章的延续，用于分析的实验数据主要来自第五章的四个有惩罚实验局。为便于阅读，这里再次介绍一下有惩罚实验的设计。在有惩罚实验的各期中，4 位被试随机地组合为一个小组，并分别被授予 20 单位的禀赋，依次进行两个阶段的实验，即公共品投资阶段和惩罚阶段。在公共品投资阶段，被试在私人账户与公共账户间配置初始禀赋，贡献至公共账户的禀赋用于公共品投资，单位资本边际回报为 0.4，也就是说，被试向公共账户中多增加 1 单位的贡献，自己的私人账户收益则相应地减少 1 单位，而从公共品投资收益中分得 0.4 单位。因此按照自利人假设，在纳什均衡状态下，每位被试都不向公共账户贡献，最终收益即为最初的 20 单位禀赋。但是，如果 4 位被试同时贡献出自己的全部禀赋，最终收益则高达 32 单位。很明显，这里出现了个人理性与集体理性的二律背反。在惩罚阶段，每位被试首先会得到其队友在前一阶段的向公共账户的贡献情况，然后可以对他人实施惩罚。当然，惩罚不仅伤害被罚者，惩罚者也要为之付出代价。例如，在惩罚效率为 3 的实验中，惩罚者给被罚者 1 单位的惩罚点数（punishment point），自己支付的成本为 1，对方的损失为 3。被试的当期收益为两个阶段的收益之和，即公共品自愿供给阶段的收益减去惩罚阶段被惩罚的损失与惩罚他人支付的成本。

本章还参照尼基福拉基斯（2008），开展了具有反惩罚机会的实验，即有反惩罚实验 JGSW。该实验是在有惩罚实验的基础上增加了一个反惩罚阶段，即被试在完成公共品投资、第一次惩罚之后，首先被告知自己在前一阶段被惩罚的具体情况，不再提供他人公共品贡献量的信息，然后允许他对惩罚过自己的队友实施反惩罚。总而言之，在具有反惩罚机会的实验中，参与者 i 的收入可用公式（7.1）表示，其中，P 表示惩罚，右下角字母依次表示惩罚的施罚者和被罚者，右上标表示惩罚发生的阶段，g 表示投向公共账户的禀赋：

$$\pi_i = 20 - g_i + 0.4 \times \sum_{j=1}^{4} g_j - \sum_{j \neq i} P_{ij}^2$$
$$- 3 \times \sum_{j \neq i} P_{ji}^2 - \sum_{j \neq i} P_{ij}^3 - 3 \times \sum_{j \neq i} P_{ji}^3 \qquad (7.1)$$

需要提醒的是，每位被试只知道队友的编号，并不知道队友的真实身份，另外，为防止策略性地惩罚，被试不能对没有惩罚过自己的队友实施反惩罚。

所有实验均是严格按照经济学实验的步骤开展的，均是在实验室通过 z-Tree 软件（Fischbacher，2007）完成的。有关反惩罚实验的介绍详见第五章的相关描述。在有反惩罚实验，被试为 28 位在校大学生，兑换比例为 1:0.03，平均而言，每位被试获得 8.45元的收入。

第四节　实验结论

一、惩罚的细分

在双边惩罚的公共品实验中，反社会惩罚还包括对那些惩罚了"搭便车"者的被试的反惩罚，而在单边惩罚的公共品实验中，反社会惩罚是指针对合作者的惩罚。不过，如何界定反社会惩罚呢？赫尔曼等（2008）、乔杜里（Chaudhuri，2011）等将不低于自己贡献量的被试归类为合作者，那些针对贡献量比自己高的被试的惩罚为反社会惩罚；而博歇等（2006）以小组平均贡献量为参照，这对贡献量高于平均水平的被试的惩罚为非正常惩罚。由此可见，惩罚可以进一步细化，因为不同类型的惩罚对合作行为的影响是不同的。具体而言,惩罚肯定涉及两个主体:施罚者和被罚者。惩罚能否为被罚者所理解并相应地调整行为?我们至少需要从两个维度来判断:首先要看被罚者自己的贡献量居于何种水平?从公平的角度看,被试的公共品供给量应该大体均等,所以,现有文献多是以小组平均贡献量或他人平均贡献量作为研究参照。其次要看施罚者的贡献量是否高于被惩者的?如果某位施罚者不仅为公共账户贡献了较多禀赋,同时还花费资源惩罚他人,那么这种行为足以表明他是一个合作者,他对别人的惩罚显然容易被接受,反之则不然。基于上述两个基准,以队友平均贡献量为参照,我们可以将惩罚归为四类,见表 7 – 1(基于 subject 表)。四类惩罚分别为 54 例、13 例、330 例和 16 例,图 7 – 1 描述了这些惩罚的分布情况,图中圆圈的大小表示惩罚的力度。

表 7 – 1 　　　　　　　　　　　**四类惩罚及被试的情感态度**

客体 / 主体	高于或等于平均贡献量 diffcontributionj2meanothers ≥ 0	不高于平均贡献量 diffcontributionj2meanothers < 0
高于惩罚对象 diffcontributioni2j ≥ 0	Ⅳ:5.657(3.978)	Ⅲ:1.032(3.231)
不高于惩罚对象 diffcontributioni2j < 0	Ⅰ:6.373(4.978)	Ⅱ:3.436(5.264)

注:表中数据为情感测试结果,括号中的为标准差。

按照强互惠理论,被试之所以对他人的行为施以惩罚,是因为他人的行为给自己带来了负面的情感。为了测试被试面临各类惩罚时的情感,我们设计了一个问卷,询问参加本章 P 实验的 76 位被试对四类惩罚的心理感受,即用数字说明他们对四类惩罚的愤怒或烦恼的强度。具体而言,0 表示一点都不愤怒,7 表示非常愤怒,0~7 愤怒逐渐增加。问卷调查结果显示(见表 7 – 1),被试对四类惩罚赋予的点数平均值依次为 1.032、3.436、6.373 和 5.657。

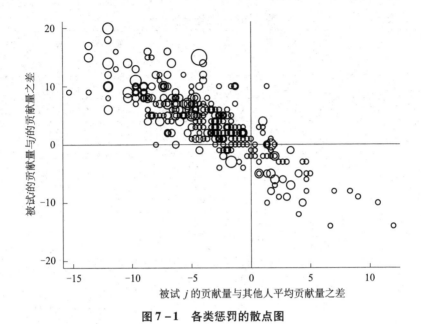

图 7 - 1　各类惩罚的散点图

二、不同类型惩罚对合作的影响效果分析

　　不同类型的惩罚对促进公共品自愿供给合作的影响是否不同呢？表 7 - 2 是对当期的"投资行为变化"与前一期的各类惩罚分别做交互表而获得的百分比和卡方检验结果，为此提供了一个直观的结论：第 I 类惩罚对公共品自愿供给合作的影响是异样的。从表 7 - 2 来看，相对于没有遭到惩罚的情况而言，如果前期遭到第 II 类、III 类、IV 类惩罚，大多数情况下，被试会增加公共品供给，增加供给的案例数占比分别为 93.18%、73.76% 和 92.05%，少数情况下减少了公共品供给，占比分别为 3.41%、6.46% 和 1.14%；但是，如果前期遭受的惩罚为第 III 类，则有 19.35% 观察显示，被试减少了公共品供给，只有 67.74% 的情况下，被试增加了公共品供给，其他的情况为没有改变公共品供给。

表7-2　　　　　　　　交互表和卡方检验的结果

contribution increase Y2N1	I_YN[_n-1]				II_YN[_n-1]		III_YN[_n-1]		IV_YN[_n-1]	
	0	1			0	1	0	1	0	1
		汇总	L	H						
0	28.30	19.35	8.33	26.32	29.91	3.41	37.63	6.46	30.21	1.14
1	34.43	12.90	4.17	18.42	34.52	3.41	36.82	19.77	34.08	6.82
2	37.26	67.74	87.50	55.26	35.57	93.18	25.55	73.76	35.71	92.05
Pearson chi2 (2)	41.4730	40.2925	11.2151		0.004		173.0326		101.6570	
P	0.000	0.000	0.004		0.000		0.000		0.000	

注：对于投资行为变化而言，0表示减少贡献、1表示贡献量不变、2表示增加贡献；对于惩罚而言，0表示没发生惩罚，1表示发生了惩罚。

表7-2还显示，若按照全部10期平均贡献量是否高于实验局的平均贡献量而将被试分为了高贡献者和低贡献者两类，对于高贡献者，在前期遭受了第Ⅲ类惩罚，减少贡献的案例占到26.32%，只有55.26%的案例表现为公共品供给量的增加。由此可见，第Ⅲ类惩罚对于公共品供给行为的影响确实另类，对高贡献者的惩罚负面影响效果更为明显。表7-2的最后两行分别为卡方值及显著性水平，从中可以看出，各类惩罚与公共品供给量变化呈显著相关。

下面，我们运用计量经济学的方法，就各类惩罚对被试投资行为的影响展开进一步的分析。分析结果详见表7-3，模型1和模型2以公共品供给的增加量为因变量，而模型3和模型4以投资行为变化为因变量，所有模型均是以前期四类惩罚点数为自变量。模型1和模型3基于全部数据，计量分析的结果显示，只有第Ⅰ类惩罚的回归系数显著为负值，其他类型惩罚的回归系数均为正值；模型2和模型4基于高贡献者而言，也只有第Ⅰ类惩罚的回归系数显著为负值。由此可见，高于或等于平均贡献量的被试对于低于自己贡献的被试的惩罚确实采取了抵制态度。

表 7 - 3 　　　　　　　　　被试投资行为与惩罚的关系

惩罚的类型	contributionincrease		contributionincreaseY2N1	
	模型 1For all	模型 2 (higher contributor)	模型 3For all	模型 4 (higher contributor)
I [_ n-1]	− 0. 3592391 *	− 0. 6058214 ***	− 0. 3212582 ***	− 0. 4934921 ***
II [_ n-1]	0. 7618252 ***	2. 019006 ***	0. 3240703	4. 978895
III [_ n-1]	0. 9201199 ***	1. 06764 ***	0. 2663752 ***	0. 2778427 ***
IV [_ n-1]	1. 057025	0. 6069452 **	0. 3283069 **	0. 3495693 *
cons	− 0. 533181 ***	− 0. 3123282 ***	—	—
obs	684	351	684	351
R-squared/ Pseudo R^2	0. 1671	0. 1961	0. 0527	0. 0575
F	15. 09 ***	59. 87 ***	—	—
/cut1	—	—	− 0. 4218227	− 0. 4564366
/cut2	—	—	0. 5359978	0. 5110689
LR chi2	—	—	79. 03 *	44. 29 *
Log likelihood	—	—	− 709. 90334	− 363. 30688

注：高低贡献者的划分是以被试全部 10 期公共品贡献量均值是否高于其所在实验局的均值为依据的。模型 1 和模型 2 基于 vce（cluster subject_ number），模型 3 和模型 4 基于 ordered probit 估计。*** 表示 1% 的显著水平，** 表示 5% 的显著水平，* 表示 10% 的显著水平。

　　总而言之，从问卷调查结果来看，被试对于第 I 类惩罚的负面情感最为强烈，在实验中，这类惩罚很有可能被惩罚客体所感受，计量分析的结果确实显示，高贡献者是抵制此类惩罚的。在 SB-P 与 CF-P 实验局中，第 I 类惩罚的均值分别为 1 和 1. 11，而在 XG-P 和 CO-P 实验局中，第 I 类惩罚的均值相对较大，分别为 1. 29 和 2. 38。由此可见，惩罚机制对公共品自愿供给合作的影响效果很可能因为第 I 类惩罚的多寡而不同。

三、反惩罚确实广泛存在

现实生活中，不仅存在惩罚还存在反惩罚的可能。德南特-博蒙特等（2007）、尼基福拉基斯（2008）在费尔和盖切特（2000）实验设计基础上，增加一个反惩罚阶段，即在告知被试被惩罚情况后，也就是在第三阶段，允许其对他人施以反惩罚。本章在 SY 小组开展了一局具有反惩罚机制的实验，各期公共品供给水平走势见图 7 - 2 中的实线部分，对轮次的回归系数为 - 0.1023809（P = 0.006），"期数效应"较为明显。

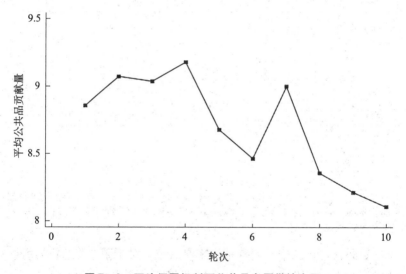

图 7 - 2　双边惩罚机制下公共品自愿供给水平

不过，我们在这里着重关注反惩罚。具体而言，实验中一共有 28 人次的反惩罚是在第二阶段没有惩罚的情况下发生的，平均惩罚 1.75 点（标准差为 1.554563），出现这种情况可能是因为一些被试担心在第二阶段对他人惩罚会遭到反惩罚，因此直到第三阶段才实施；90 人次的惩罚（平均值为 1.6，标准差为 1.396625）

没有伴随反惩罚；99 人次的惩罚（平均值为 1.949495，标准差为 1.853699）伴随着反惩罚（平均值为 2.656566，标准差为 1.990598），其中，23 人次的惩罚属于第Ⅰ类惩罚，反惩罚超出惩罚的点数平均为 1.26087（标准差为 1.483773），9 人次的惩罚属于第Ⅱ类惩罚，反惩罚超出惩罚的点数平均为 0.1111111（标准差为 1.691482），59 人次的惩罚属于第Ⅲ类惩罚，反惩罚超出惩罚的点数平均为 0.6610169（标准差为 1.748005），8 人次的惩罚属于第Ⅳ类惩罚，反惩罚超出惩罚的点数平均为 0.125（标准差为 0.9910312）。由此可见，大多数情况下，惩罚会伴随着更高水平的反惩罚，尤其是第Ⅰ类惩罚招致的反惩罚最为严重。

第五节 结论与启示

一般而言，对欺骗和机会主义行为的约束、阻吓和惩罚有两种类型的制度。一种是由政府强制力所支撑的官方法律体制或管制制度，另一种是交易当事人私下自发形成的自我约束和惩罚的制度安排，显然，强互惠行为属于后者：一个强互惠者会从道德上感觉到有遵循社会规范的义务，如果他破坏了社会规范，将受到内在的自我惩罚（Masclet et al.，2003）；当有人背叛了社会规范，他会产生消极情感，并与背叛行为做斗争。强互惠作为一种"好的策略"，能够吸引其他行为体，从而扩大同盟并形成共同体，而共同体通过制度、规范和文化等对行为体形成约束交易当事人的欺骗和机会主义行为的私序。而这样的私序一旦形成，便会"创造着前所未有的新力量"（哈耶克，2000）。

但是，本章研究的一个重要启示在于，强互惠行为本身也存在着不可忽视的弱点，因为强互惠者基于自己的价值标准对背叛者施以惩罚，而这样的惩罚不是出自正规合法的主体，而是由其他的个体做出，很可能不为被罚者乐见，甚至还会引致报复。报复行为无疑会降低团体的均衡惩罚水平和合作水平，往往还是合作走向失败的主要原因，本章提供了相关的实验证据。由此可见，完善增强惩罚能力的社会机制、"把惩罚搞对"是实现公共品自愿供给的更为关键的课题。

第八章 信息公开、私人惩罚与公共品自愿供给的实验研究

第一节 引 言

作为一种社会控制手段，私人之间的相互监督与惩罚（又称"私人惩罚"）近年来得到理论界与实践界的重视与重用。但它是把"双刃剑"，一面是利他性惩罚，是亲社会的，已成为当今社会治理的重要力量，并被理论界当作破解"社会合作何以可能"难题的可能突破口；另一面却是反社会惩罚，极大地抑制着利他性惩罚的社会控制功能。学术界对利他性惩罚的研究颇丰，但对反社会惩罚的研究不足。本章基于第三代公共品实验，探析了反社会惩罚行为的社会心理基础；通过加大信息公开、引入第三方惩罚，探索私人惩罚的自我强化机制。本章发现，人们的"不公平感""不公正感""不规范感"显著地解释了反社会惩罚行为；信息公开本身并不一定能够抑制反社会惩罚、促进社会合作，但随之引入的旁观者及其第三方监督有利于提升社会合作水平；尽管第三方监督力量整体不强，但就部分的社会规范感认知较强的个体而言，其对他人的反社会惩罚行为具有较为明显的抑制作用。

针对当今社会治理实践，本章建议一方面要进一步拓展私人惩罚渠道，发挥利他性惩罚的社会控制职能，为社会治理提供"地方知识"，另一方面要更加注重引入信息公开、交流沟通等柔性治理技术，特别是要大力培育社会资本，"把私人惩罚搞对"，增强群体的自我组织与自我管理能力，提升公共服务的共建能力与共享水平。

第二节　相关文献综述

近年来，私人之间的相互监督与惩罚作为一个社会控制手段得以重用，为打造党的十九大报告提出的"共建共治共享的社会治理格局"，发挥着独特的社会控制职能。党的十八大以来，国家有意识地释放社会的自主性、激发公众相互监督与自我管理的积极性。一方面，各级党委政府广泛设立举报箱、公开投诉电话、开辟曝光台，广开言路，倾听民声。来自基层的社会监督为社会治理提供了必要的"地方知识"，与以国家强制力为支撑的公共惩罚相辅相成，形成了强大的社会控制力量。最为明显的是，广大群众的检举揭发为中央巡视、环保督察提供了大量线索，使巡视督察工作能够有的放矢，对贪赃枉法、破坏环境资源、危害食品药品安全等行为构成强有力的威慑。另一方面，在基层社区治理中，当权者也积极创建各种公众参与渠道，动员利益相关者参与到公共事务治理中来。比如，在社区论坛中倡导各抒己见、在人事管理中引入民主评议或同行评价等。这种形式的公众参与在很大程度上皆有私人之间的相互监督与惩罚的特征，对于他人的违规、卸责、"搭便车"等机会主义行为，同样具有强有力的威慑。不难看出，私人之间对破坏公共秩序、侵蚀公共利益的谴责、检举等相互监督与惩罚，与公共惩罚良性互动，凝聚成一股强大的力量，有力地维系着人们在长期互动中形成的合作规范与良好秩序。

在理论界，私人之间的相互监督与惩罚同样得以重视。"社会合作何以可能"一直是社会科学积极探索的重大命题，也是现代社会治理的最大难题（王道勇，2014）。社会合作的挑战在于广泛存在的机会主义行为。理论界首当其冲的解决思路是借助公共惩罚。比如在霍布斯看来，集体行动是无法终结"自然状态"的，除非借助公共权力的惩罚。霍布斯关于公共权力的见解被许多理论家所认可，也被那些关注公共品问题的现代经济学家所接受（Michael，1982）。但在最近二十多年里，大量的行为经济学研究运用新近发展起来的经济学实验、演化仿真和脑成像等技术，一致性地证实了人类与生俱来就有与他人合作并自觉维护伦理规范的倾向，甚至不惜花费个人成本去惩罚群体中的机会主义行为。美国桑塔费学派（Santa Fe Institute）将这种私人惩罚称作"利他性惩罚"（altruistic punishment）（Fehr and Fischbacher，2004）。它不仅能够维系较高水平的社会合作，为缺乏公共权威的社会提供一个替代性强迫机制，甚至还被理论界当作是破解"社会合作何以可能"这一难题的突破口（史丹和汪崇金，2017）。

然而，私人惩罚是把"双刃剑"，既有亲社会的（prosocial）一面，也有反社会的（antisocial）一面。前述当今社会治理实践中的谴责、检举、揭发等，或者学术文献中的利他性惩罚，皆为私人惩罚的亲社会的一面，对于端正党风政风、改善民风社风，推进良法善治，促进社会合作，功不可没。但私人惩罚也有反社会的一面，比如在公共品实验中广泛存在的低贡献者惩罚高贡献者的现象。这些针对高贡献者的惩罚，可能是出于报复性的目的，也可能是有居心叵测的动机，显然不利于维系社会合作，因此被称为反社会惩罚（antisocial punishment）。它也是一种常见的社会现象，与利他性惩罚犹如孪生兄弟、常伴左右。无论是现实观察（Guala，2012）、实验模拟（Nikiforakis，2008），还是演化推算（Rand et al.，2010），都一致证实了反社会惩罚极大地抑制着私人惩罚的社会控制功能。这也符合我们在日常生活中的切身体验。因为揭发他人的不当行为而遭受报复的案例比比皆是。一些人因担心被报复，进而秉持"各人自扫门前雪，莫管他人瓦上霜"的心态。这在现实生活中表现为对公共事务的"不关心、不参与"，在公共品实验中则表现为利他性惩罚整体乏力、威胁不够等问题（汪崇金和史丹，2016）。概而言之，私人之间的相互监督与惩罚一旦运用不当，往往会招致猜忌、报复，甚至结下世仇，进而破坏团结、侵蚀信任、阻碍合作，最终散失社会控制功能。

公共惩罚替代私人惩罚是现代文明社会的标志之一，但私人惩罚不可或缺。"法律中心论"的支持者们一度将国家强制力想象得无比强大，甚至认为公共惩罚资源是无限可取的，进而蔑视非正式规则以及私人之间的相互监督与惩罚（桑本谦，2005）。这显然有失偏颇，也受到了强有力的挑战。实际上，私人惩罚自古有之，是维系伦理道德、礼仪规范等非正式制度的重要力量。在契约不完全或不存在的时候，私人惩罚更为有效。在当今社会治理实践中，应更大程度地发挥私人惩罚的社会控制职能，"把私人惩罚搞对"，而不是因噎废食，弃之不用。但横亘在我们面前的一个现实难题是，要深入研究影响反社会惩罚的社会心理基础，探索"扬亲社会惩罚之长、避反社会惩罚之短"的社会治理机制，正确运用好私人惩罚这把"双刃剑"。

本章借鉴龟井和普特曼（2015）实验设计，增加信息公开的内容、扩大信息公开的受众，借力第三方监督，探索私人惩罚的自我强化机制。研究有如下几点发现：（1）公开更多的信息、向更多的人公开信息，有助于抑制反社会惩罚；但仅仅是前者，尚不足以维系公共品自愿供给合作，而向更多的人公开信息，再辅之以第三方监督，则有不同的效果。（2）人们的"不信任感""不公平感""不规范感"是影响反社会惩罚行为的重要心理因素，他们在不同显著水平上与反社会惩罚呈负向关系。（3）当队友对他人实施的反社会惩罚越大，那些社会规范感认知较强的个体更愿意对这些队友实施惩罚，进行第三方监督，私人惩罚强化效应在他们身上体现得更为明显。本章在已有的实验研究基础上，再次强调了利他性惩罚对维系社会合作的重要作用，但也提醒人们，私人惩罚是把"双刃剑"，在当今社会治理中要更加注重引入信息公开、交流沟通等柔性治理技术，特别要大力培育社会资本，引导人们正确对待并合理使用私人惩罚。

相对于既有研究而言，本章的贡献至少体现在以下几个方面。（1）首次从社会个体层面，分析了社会信任、公平认知、市民合作规范等社会心理与反社会惩罚行为之间的相关性。尽管反社会惩罚是一种常见的社会现象，但人们对它背后的社会心理了解并不多。赫尔曼等（2008）曾运用上述这些社会心理解释了反社会惩罚，但该研究是以 16 个来自不同社会的被试群体为单位，是基于宏观视角的分析。而本章以社会个体为研究对象，是微观视角的分析。这有助于加深人们对反社会惩罚行为的认识。（2）以中国在校大学生为实验对象，在高阶（high order）惩罚实验中验证了，信息公开在大型社会互动中对社会合作的影响。信息公开往往被当作社会治理的上策，但能否促进社会合作？学术界尚存争议。早期的研究成果甚丰，但龟井和普特曼（2015）以美国被试为实验对象，首次运用高阶惩罚实验再次进行了研究，并得到较为乐观的结论。然而，他们的实验刻画的是固定匹配的重复互动，被试可能会因为远期利益而策略性行动，仍然没有脱离弱互惠的思维。本章实验在此基础上有所突破。这些实验是随机匹配的一次性博弈，掐断了策略性行为的利益传递链条，运用的是桑塔费学派的强互惠逻辑。本章以中国在校大学生为实验对象，为龟井和普特曼（2015）的研究提供了一个有益的补充。由于中国被试长期受到集体主义、威权主义和等级文化的熏染，他们的行为方式与实验结论历来都备受实验研究者们的关注。更为重要的是，本章从增加信息公开的内容、扩大信息公开的受众这两个视角分析信息公开，并得到了与龟井和普特曼稍有不同的研究结论，丰富了人们对信息公开与社会合作之间关系的认识。（3）适时地提出了在引入私人惩罚的同时，更要注重培育社会资本的政策建议。党的十八大以来，私人之间的相互监督与惩罚再度被重用，其社会控制职能也逐渐显现，但其负面影响也日渐显露，在缺乏公共权威的地方更为明显。如何扬长避短？这已成为当今社会治理的一个现实问题。本章基于实验研究提出，要大力培育社会资本，引导人们正确使用私人惩罚。这不仅具有较强的现实指导意义，也借私人惩罚这一微观现象，印证了科尔曼（James S. Coleman）、帕特南（Robert D. Putnam）等研究社会资本的经典作家关于"社会资本能够促进社会合作"的宏观判断（Coleman, 1988；Putnam, 2000）。

第三节 理论基础与研究假设

公共品实验因其多方互动的特点，更能反映日常生活中的社会合作问题，常被籍以研究私人惩罚及其对社会合作的影响

（Thöni et al.，2012）。这方面的研究可追溯到费尔和盖切特（2000，2002）。他们开创性地在标准公共品实验中新增了一个阶段，允许个体之间相互监督与惩罚，从而开启了新一代公共品实验研究。他们的实验显示，利他性惩罚普遍存在，且能维系较高水平的公共品自愿供给合作。随后的十多年里，大量学者以不同文化背景的社会群体为实验对象，一次又一次地复述着与费尔等相同的乐观结论。不过新近的跨文化研究显示，这些实验之所以得到了较为乐观的判断，可能是由于被试具有"WEIRD"特征（周晔馨等，2014），也可能是因为实验设计抑制了反社会惩罚，忽略了现实生活中广泛存在的报复现象。为了检验后一种猜想，德南特-博蒙特等（2007）、尼基福拉基斯（2008）在费尔等实验设计的基础上又增加一个阶段，允许个体实施第二轮次的惩罚，从而将这一领域的研究引入一个新的高度。在这些具有高阶惩罚机会的实验中，被试由于担心被报复，普遍减少了对"搭便车"者的惩罚，公共品自愿供给水平因此难改下行趋势。如果允许被试实施高阶的惩罚，个体之间甚至会陷入无休止的报复、结下世仇（Nikiforakis et al.，2011）。这些一脉相承、一波三折的研究，似乎带领人们转了一圈，最终又回到了起点，应验了霍布斯、洛克等先哲的悲观预言（霍布斯，1985；洛克，1983）。

但从经验性资料来看，没有公共权力的地方并不一定只有混乱，社会合作普遍存在。一些学者紧扣现实，延续上述德南特-博蒙特、尼基福拉基斯等的高阶惩罚的思路，积极探索在无外在权威干预的情况下私人惩罚的自我强化机制。例如，引入投票机会，由集体决定是否允许实施私人惩罚（Ertan et al.，2009；Kamei et al.，2015）；外生公共惩罚，避免私人惩罚引发的仇恨（Nikiforakis et al.，2012）。在这一系列的研究中，已隐约形成了一个新的研究方向，即强化信息公开、借力第三方监督，探索私人惩罚的自我强化机制（汪崇金和聂左玲，2015）。这方面的研究除了前文提及的德南特-博蒙特等（2007）、尼基福拉基斯（2008），还有恩格尔等（Engel et al.，2011）、龟井和普特曼（2015）等。当然，这些研究的结论仍不稳健，进一步的作用机理仍不清晰，更需跨文化研究的支撑。

鉴于上述讨论，本章借鉴龟井和普特曼的设计，以中国在校大学生为实验对象，验证信息公开、第三方监督，对抑制反社会惩罚、促进社会合作的影响效果，并探析反社会惩罚行为背后的社会心理基础。围绕这一研究主题，本章提出以下四个方面的理论假设。

一、强化信息公开能否促进社会合作？

公共品实验中的信息公开是指，向被试反馈小组成员的前期决策、实验收入等信息。这早就被看作是促进社会合作的一个可能选项，但能否奏效？学术界仍未有定论。例如，泽尔和威尔逊（Sell and Wilson，1991）曾发现，反馈小组及其每位成员的贡献量和实验收入等信息，能够促进公共品自愿供给合作。不过，魏曼（Weimann，1994）复制了他们的实验，发现无论提供的信息是多还是寡，公共品平均贡献量均未受到显著影响。与他们非此即彼的结论不同的是，恩格尔等（2011）更为细致的研究发现，如果为被试提供的信息是积极的、乐观的，那么被试会增加公共品贡献量，反之则反之，即存在"破窗效应"。类似的研究还有拜耳等（Bayer et al.，2009）、伊伦布施和里尔克（Irlenbusch and Rilke，2013）等。不过，这些研究未能形成定论。据作者掌握的资料来看，周燕等（2014）、黄国宾（2014）等为数不多的以中国在校大学生为实验对象的研究，也未能得到一致的结论。

与上述研究不同的是，本章籍以高阶惩罚公共品实验，验证信息公开对社会合作的影响。在这方面，龟井和普特曼（2015）已率先一步。他们设有不同的实验设计，有些实验设计之间的区别仅在于是否提供了往期实验的信息。通过对不同设计的实验结果进行对比分析，他们发现，提供往期实验信息的做法能够促进公共品自愿供给合作。当然，这一乐观判断仍需广泛的研究结论支撑。值得一提的是，被试群体所处的社会环境、文化氛围在实验研究中的作用是不可忽视的（Gächter et al.，2010），基于中国被试的实验研究结论尤其令人关注。这也是本章研究的出发点之一，即在龟井和普特曼基础上再次验证信息公开能否促进社会合作。本章研究的另一个出发点是，龟井和普特曼的所有实验中的小组成员构成是不变的，很难排除个人声誉等策略性动机对社会合作的影响（Fudenberg and Pathak，2010）。为了剔除可能存在的自利动机，本章采用随机匹配方式确定小组成员。

具体而言，本章设有 OR、E3n、F3n 和 F3h 四种实验设计，信息公开至少体现在以下两个方面：一是体现在信息的多寡上。OR 设计公开的信息量最少，被试仅知道自己在第一次惩罚阶段的被惩罚的点数，而在 E3n 设计的两次惩罚阶段均重复出现了他人的公共品贡献量信息，在实验结束前还公布被试当期投资收入、第二次惩罚阶段的被惩罚点数等信息。类似地，F3h 设计也比 F3n 设计多提供了往期的一些历史信息，即小组所有成员前四期平均公共品贡献量。信息的多寡具体反映在 OR 与 E3n、F3n 与 F3h 的两两对比上。二是体现在受众的大小上。相对于 OR 与 E3n 两个设计实验而言，以"F"命名的两个设计实验中的被试不仅知晓他人对自己的惩罚，而且作为第三方能够知晓他人对其他人的惩罚。

总之，本章实验中的信息公开体现在两个维度，增加信息公开的内容与扩大信息公开的受众，他们对公共品自愿供给合作的影响可能并不相同。① 结合已有研究就信息公开能否促进社会合作尚存异样结论的现实，以及上文对龟井和普特曼研究的讨论，本章提出下面两个假设。

假设1a：增加信息公开内容不能促进公共品自愿供给合作。

假设1b：扩大信息公开受众能够促进公共品自愿供给合作。

此外，在设有惩罚机会的实验中，利他性惩罚是普遍存在的，同时也不乏有反社会惩罚，如果允许高阶惩罚，甚至会出现世仇。这在前文的相关文献中都有所介绍，此处不再赘述。但是，这里需要强调的是，在高阶惩罚实验中，介于信息公开与社会合作之间，还有一个新的中介变量，即反社会惩罚。理论上讲，强化信息公开能够减少不确定性，但它是否有助于凝聚共识、抑制反社会惩罚呢？② 这是在假设1a至假设1b的基础上自然衍生的、有待进一步探究的新的命题。为此，本章提出下列两个假设。

假设2a：增加信息公开内容无助于抑制反社会惩罚。

假设2b：扩大信息公开受众有助于抑制反社会惩罚。

二、社会认知如何影响反社会惩罚？

报复是反社会惩罚最为可能的解释而非全部，有三种观点值得关注。一是当惩罚他人的成本较低时，一些控制欲强、有好斗个性的个体，更可能对他人实施反社会惩罚（Clutton-Brock，1995）；二是一些个体试图通过惩罚而减少他人的绝对收入，从而提升自己的相对收入（Thöni，2014），这种反社会惩罚出于锦标赛式竞争（Herrmann et al.，2008；Cinyabuguma et al.，2006），常被称为居心回测的惩罚；三是反社会惩罚是人们对他人的心理状态、

① 下文就第三方监督的讨论将对此做进一步的解释。

② 需要说明的是，本书沿袭了基于费尔和盖切特（Fehr and Gächter，2000，2002）的研究传统，这里只讨论第一次惩罚阶段的反社会惩罚行为。

行为动机等，作出的推测与判断的结果。例如赫尔曼等（2008）指出，对他人的预期或期望是人类心理活动的重要部分，也是包括利他性惩罚、反社会惩罚等的主要驱动力，他们基于世界价值观调查（WVS）方法，运用反映被试群体在文化上的、经济上的异质性的市民合作规范、法治等主观态度，解释不同社会群体的反社会惩罚。他们发现，在反社会惩罚比较盛行的社会中一般都具有下列两个特征：一是市民合作规范认知不强，这种社会规范可以表现为人们对逃税、公共交通逃票等的态度；二是法律执行起来不够严厉。

　　本章沿着第三种观点，探析反社会惩罚行为的社会心理。在许多政策取向的研究中，提升社会资本存量被认为是医治社会问题、改善社会治理的灵丹妙药。尽管"社会资本"有众多形式不一的定义，但大多数文献都将信任感、公平感、市民合作规范感等主观态度，当作是人们合作行为（Gächter et al.，2004）的重要解释变量。上文提及的赫尔曼等（2008）正是一例，它是基于社会群体这个宏观层面的分析。不过，本章尝试从微观个体层面，运用人们的这些主观上的社会认知来解释反社会惩罚行为。微观视角的分析对于理解反社会惩罚行为、设计抑制反社会惩罚的政策更具现实意义。为此，本章提出下列三个假设。

　　假设3a：个体的公平感越强，实施的反社会惩罚越小。

　　假设3b：个体的公正感越强，实施的反社会惩罚越小。

　　假设3c：个体的规范感越强，实施的反社会惩罚越小。

三、第三方监督能否抑制反社会惩罚？

　　引入旁观者是本章实验除具有高阶惩罚机会之外的另一大特点。随着旁观者的介入，私人惩罚对社会合作的影响更为复杂。比如扩大信息公开受众，即使仅引入旁观者而不让他们做任何事，这也会对被公开者产生情境压力。不过这里仅关注来自旁观者的第三方利他性惩罚，是如何影响人们的反社会惩罚行为的。大量的研究证实，第三方利他性惩罚普遍存在，与上文所述的费尔和盖切特（2000，2002）设计实验中的第二方利他性惩罚一样，都是维系社会规范、促进社会合作的重要力量（Fehr and Fischabacher，2004）。在本章引入旁观者的实验中，第三方利他性惩罚可能有助于人们正确使用私人惩罚，具有私人惩罚的自我强化效应（Denant-Boemont et al.，2007），见图8－1。

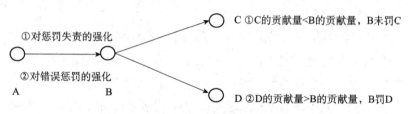

①对惩罚失责的强化

C ①C的贡献量<B的贡献量，B未罚C

②对错误惩罚的强化

A   B

D ②D的贡献量>B的贡献量，B罚D

图8－1 私人惩罚的自我强化示意图

资料来源：作者绘制。

概言之，在第二次惩罚阶段，作为第三方的被试 A 会对被试 B 在第一次惩罚阶段对他人的惩罚进行监督，进而促使被试 B 正确使用私人惩罚。这体现在以下两方面：一是假设被试 C 的贡献量低于 B 的贡献量，但 B 未对 C 实施应有的惩罚，在惩罚不合作者 C 这一公共事务上选择了"搭便车"。作为旁观者，A 可能会对 B 的"搭便车"行为进行监督，对其实施利他性惩罚。二是假设被试 D 的贡献量高于 B 的贡献量，但 B 对 D 实施了惩罚，这种惩罚是不利于社会合作的，是反社会惩罚。作为旁观者，A 也可能对 B 的反社会惩罚进行监督，对其实施利他性惩罚。亨里希和博伊德（Henrich and Boyd，2001）、龟井和普特曼（2015）将上述两种形式的惩罚分别称为"对惩罚失责的强化"（PEO）和"对错误惩罚的强化"（PEC）。总之，在旁观者 A 的第三方利他性惩罚威慑之下，被试 B 对他人的私人惩罚可能会更加合理。若果真如此，旁观者的第三方利他性惩罚即具有私人惩罚的自我强化效应。

然而，私人惩罚的自我强化效应是否真的存在？这是一个新近刚提出的命题，学术界尚未定论。持乐观判断的有德南特-博蒙特等（2007）和龟井和普特曼（2015），他们的研究发现，向更多的人公开信息、引入更多的监督力量，可抑制反社会惩罚、促使私人惩罚更趋合理，有助于促进合作。这些研究进一步深化了人们对私人惩罚自我强化机制的认识，把人们的视线带出了惩罚与报复性惩罚的恶性循环。但是并非所有的研究结论都是那么乐观。例如，森亚布古马等（2006）以本组或本局为单位，公开队友对那些高于、等于和低于小组平均贡献量的队友所实施的惩罚的平均点数，然后允许被试对这些队友实施第二次惩罚。这里也存在第三方监督。但他们的实验结论显示，公共品自愿供给水平与收入水平均无明显变化。得到异样的结论并不为奇。因为在一些群体中可能有更多的人秉持"各人自扫门前雪，莫管他人瓦上霜"的心态，而在另一些群体中持这种心态的人可能会少些。总之，引入旁观者是否益于引导私人惩罚更趋合理？这是一个有待检验的命题。为此，本章提出假设 4。

假设 4：第三方监督具有私人惩罚的自我强化效应。

第四节　实验设计与实验过程

一、实验设计

本章实验主要是高阶惩罚实验。实验中，每 4 位被试随机地组成一组，进行若干期（period）的实验，每期实验的小组成员均不相同。每期实验分"公共品投资""第一次惩罚""第二次惩罚"三个阶段。在第一阶段，每位被试都分得 20 单位实验币，在公共账户与私人账户之间自由配置。分配到公共账户的实验币（也称"公共品贡献量"），与小组中的其他成员（或称"队友"）分配到公共账户的实验币汇总至一起，用于购买公共品。公共品价值是汇总的实验币数额的 0.4 倍，由小组成员非竞争性、非排他性地共享。分配到私人账户的实验币，则直接计为个人所得，由个人独享。被试 i 在这一阶段的投资收入可用下列公式（8.1）的第一部分来计算。

在第二阶段，亦即"第一次惩罚阶段"，实验者告知被试其他三位队友在第一阶段的公共品贡献量，并允许其对这些队友实施惩罚。不过，惩罚他人是需要成本的。施罚者每惩罚他人 1 单位，被罚者将损失 3 单位实验币，而自己也需要支付 1 单位实验币的成本。即惩罚效率为 1:3。这些成本和损失可用下列公式（8.1）的第二部分来计算。至此，高阶惩罚实验与费尔和盖切特（2000）的实验完全相同。不同之处在于，高阶惩罚实验新增了第三阶段，即"第二次惩罚阶段"，被试可在前两个阶段互动的基础上，再次对队友实施监督与惩罚。惩罚效率仍然是 1:3。这一阶段因为惩罚他人或被他人惩罚而支付的成本和遭受的损失，可用下列公式（8.1）的第三部分来计算。在这一阶段，被试可知晓的信息可能包括各位队友当期公共品贡献量、往期公共品贡献量等，信息多寡依据不同的实验设计而定。总之，被试 i 在高阶惩罚实验的每一期获得的实验币可用下列公式表示：

$$\pi_i = 20 - g_i + 0.4 \times \underbrace{\sum_{j=1}^{4} g_j}_{\text{第一阶段的投资收入}} - \underbrace{\sum_{j \neq i} P_{ij}^2 - 3 \times \sum_{j \neq i} P_{jt}^2}_{\text{第一次惩罚与被罚的损失}} - \underbrace{\sum_{j \neq i} P_{ij}^3 - 3 \times \sum_{j \neq i} P_{jt}^3}_{\text{第二次惩罚与被罚的损失}}$$

$$(8.1)$$

其中，π_i 为被试 i 当期实验获得的实验币数量，g 为公共品贡献量，P 为惩罚点数，下标 ij（ji）表示施罚者为 i（j）、被罚者为 j（i），上标 1、2 分别表示第一次、第二次惩罚，系数 0.4 为单位资本边际回报率，系数 3 表示惩罚效率。

为了验证在高阶惩罚情境中，信息公开能否抑制反社会惩罚、促进社会合作，本章设有四种设计的实验，通过这些对照实验力求甄别信息公开对社会合作的影响。这四种设计分别记为 OR、E3n、F3、F3h。前文提到，不同的实验设计在第三阶段提供的信息多寡不一。其中，F3h 设计实验中发布的信息内容最多、受众最广，任何一位被试都可查询到自己和队友当期或往期贡献量，以及他们在第二阶段实施的每一笔惩罚。下面先来介绍 F3h 设计。见表 8－1。

表 8－1　　　　　F3h 设计实验第三阶段的部分界面截表

序号	贡献量	第一期平均贡献量	来自 1 号的惩罚	来自 2 号的惩罚	来自 3 号的惩罚	来自 4 号的惩罚
1	13	1	0	1	0	0
2	15	6	1	0	0	0
3	4	12	2	2	0	1
4	9	15	1	1	0	0

注：贡献量及惩罚点数均为虚构的数据。
资料来源：作者绘制。

假设表 8－1 是呈现给编号为 2 的被试的界面，那么 2 号被试从第二行数据中，不仅能够看到自己的当期贡献量（第二列）、前期平均贡献量（第三列），也能看出其他三位队友对自己的惩罚情况（第四至七列）；该被试还可通过表 8－1 各列数据，查询到其他队友的贡献量以及对他人的惩罚情况，进而可将队友对自己的惩罚与对其他人的惩罚进行对比，以判断对自己、对他人的惩罚是否合情合理。这样的设计便引入了旁观者。F3h 设计的名称也部分概括了上述信息特征，"F" 是 "Full" 的首字母，表示信息不仅反馈给被罚者，还反馈给其他人；"h"是"history"的首字母，表示发布的信息不仅包括当期贡献量，还包括往期的平均贡献量，即历史信息。

依此逻辑，不难理解"F3n""E3n""OR"设计的信息特征（见表 8 – 2）。与 F3h 相比，F3n 名称中的"n"替代了"h"，两者的不同之处仅在于后者未提供历史信息，而 E3n 不仅未提供历史信息，信息发布受众也有所不同，其中，"E"表示只向被罚者本人提供相关的信息，而不知晓他人对其他队友的惩罚等信息。在这种情况下，被试只能根据他人的公共品贡献量以及对自己的惩罚情况来实施第二次惩罚。更为关键的一点是，此处不存在第三方监督的可能，这也是与以"F"命名的设计的显著差异。"OR"设计实验是本章的基准实验，信息量最少，第二次惩罚时没有提供贡献量信息，在最后环节也只有"当期实验总收入"这一条信息，更不存在第三方监督。这样的设计塑造了针锋相对的对抗状态。

表 8 – 2　　　　　　　　　实验设计特征描述及说明

实验设计 （treatment）	结果 呈现	第三阶段			实验局 代码	实验时间	实验参数
		贡献量	涉他	历史信息			
OR （Baseline）	否	否	否	否	OR-1-sh	2012. 11. 16	8 期，24 人
					OR-2-sh	2012. 11. 23	8 期，24 人
					OR-3-lo	2017. 11. 28	15 期，20 人
					OR-4-lo	2017. 11. 30	15 期，20 人
E3n	是	是	否	否	E3n-1-sh	2012. 10. 25	8 期，20 人
					E3n-2-sh	2012. 10. 16	8 期，16 人
					E3n-3-lo	2013. 05. 29	15 期，20 人
					E3n-4-lo	2016. 10. 18	15 期，20 人
F3n	是	是	是	否	F3n-1-sh	2012. 11. 23	8 期，24 人
					F3n-2-lo	2013. 05. 29	15 期，16 人
F3h	是	是	是	是	F3h-1-sh	2012. 10. 09	8 期，24 人
					F3h-2-lo	2013. 06. 03	15 期，20 人

资料来源：作者绘制。

二、问卷调查

为了进一步分析被试的实验行为，实验结束后还要求被试回答一份问卷。问卷包括个体特征、情感反应、社会认知等方面 16 个问题。其中，情感反应部分的问卷设计，参照了费尔和盖切特（2002）的做法，并考虑到本章还将讨论被试作为旁观者的行为方式，遂要求被试自述他们对自己或队友在 8 种不同情境下遭受的惩罚的愤怒程度。

需要详细说明的是有关测量被试社会认知的指标。本章综合现有研究，从三个方面来衡量被试个体的社会认知。（1）市民合作规范。赫尔曼等（2008）等均将它作为主要解释变量，并利用 WVS 问题合成一个指数，来衡量被试的市民合作规范。其中的一个主要问题是"一些政府项目，您并不从中受益，您认为是否合理吗（civic_norm）？"这也是本章用以衡量被试市民合作规范的主要变量。（2）公平感。就公平感的测度，大多数文献借用 WVS 或 GSS（general social survey）的"公平问题"，即"如果他人有机会占您的便宜时，您认为大部分人都会这样去做？还是会公平地对待您（fair_2）？"代表性文献有陈叶烽等（2010）、索尼等（2012）。不过，本章采用李斯特十级量表。此外，本章注意到人们常常遭遇插队的现象，中国综合社会调查（CGSS）也调查过人们对排队加塞行为的反感程度。为此，本章设有"如果有人在您面前插队，您会如何应对？"这样的问题（fair_1），以判断被试的"公平感"。（3）信任感。毫无疑问，信任是影响合作行为的核心概念之一，而且 WVS 或 GSS 的"信任问题"被广为使用。但正如霍尔姆和丹尼尔森（Holm and Danielsson，2005）强调的，个体之间的信任会由于"社会距离"的差异而有厚、薄之分，常用的"信任问题"测度的是一般信任，是薄的信任，而实验室的被试一般较为熟悉，至少为同一学校的大学生，他们之间的信任是厚的信任，这两者之间存在显著的差异（Glaeser et al.，2000）。有的作者没有使用一般信任，而是以人们对"关系"在生活中的重要性的认识，来衡量他们狭义的信任（Chen and Lu，2007）。这与霍尔姆和丹尼尔森的逻辑是一致的。为此，本章除了设有一般信任问题，同时还考虑到大学生们常常为"朋友为什么不能替我保守秘密"而烦恼的现实，设计了一个有关如何看待知晓自己秘密的朋友的问题（trust_others），以衡量他们对他人的信任程度。对于这些变量，本章的结果与其他相关文献的结果大致相同。更多信息见表 8-3。

表 8-3　　　　　　　　　　主要变量的定义及描述

概念	变量名	变量描述	取值范围（括号中数字表示各选项被选的比例）	均值	标准误
信任感	*trust_ others*	如果您在不经意间把您的隐私告诉了您的一个信得过的朋友，您会有何感觉？	1 = 后悔，担心自己的朋友会把隐私传播出去；2 = 不会在这类私人琐事上考虑太多；3 = 不后悔，知道朋友不会把自己的私密问题传播出去（13.77、54.33、31.90）。	2.18	0.65
公平感	*fair_ 1*	如果有人在您前面插队，您如何应对的？	1 = 没有说什么，因为插队的位置不是在我跟前；2 = 没有说什么，如果有人出面制止，我会声援的；3 = 只是小声嘀咕几声而已；4 = 当面指责并试图制止（10.84、45.53、37.63、6.01）。	2.39	0.76
	fair_ 2	如果他人有机会占您的便宜时，您认为大部分人都会这样去做？还是会公平地对待您？	1 到 10。1 = 大部分人会这样做的；……10 = 大部分人会公平对待的。	5.58	2.22
规范感	*civic_ norm*	一些政府项目，你并不从中受益，你认为是否合理？	1 到 10。1 = 一点都不合理；……10 = 一直都合理。	5.52	1.93

资料来源：作者绘制。

第五节 实验结果

一、公共品供给

图 8 - 2 呈现了本章 12 个实验的公共品自愿供给水平走势。从前 8 期的数据来看，每个实验中所有被试首期公共品平均贡献量为禀赋的 40% ~ 60%，随后各期皆在此水平上下波动，差异不明显。但在重复 15 期的实验中，四种设计实验平均贡献量依次为 8.45（Std. Dev. 3.22）、8.88（Std. Dev. 3.86）、13.9（Std. Dev. 4.46）、12.10（Std. Dev. 3.62），差异逐渐显现。

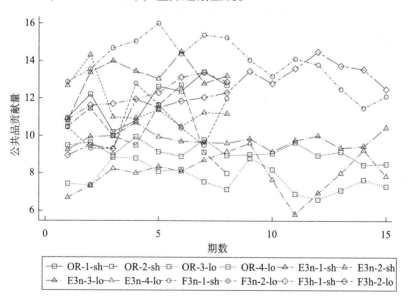

图 8 - 2 各实验局公共品供给水平走势

资料来源：作者绘制。

图 8 - 3 为汇总后的不同设计实验下的公共品自愿供给水平走势，再次证明了上述判断。在 F3n 和 F3h 两个设计中，各期公共品平均贡献量对期数（period）的回归系数分别为 0.24（t = 5.53，p = 0.00）、0.07（t = 1.14，p = 0.28），正的回归系数说明公共品自愿供给水平呈上升走势。图 8 - 3 中散点标示（maker）为空心圆圈（Oh）和空心菱形（Dh）的两条曲线描述了这两个设计实验中公共品自愿供给水平的走势，也再次直观说明了这一点。但在 OR 和 E3n 两个设计实验中，所有被试的公共品平均贡献量分别为 9.50（Std. Dev. = 4.69）、10.05（Std. Dev. = 4.77），各期公共品平均贡献量对期数的回归系数分别为 - 0.19（t = - 5.72，p = 0.00）、- 0.17（t = - 3.66，p = 0.00）。这些回归系数显著为负，说明公共品自愿供给水平下降趋势明显，图中散点标示为空心正方形、空心三角形的曲线走势也正好验证了这一点。总而言之，

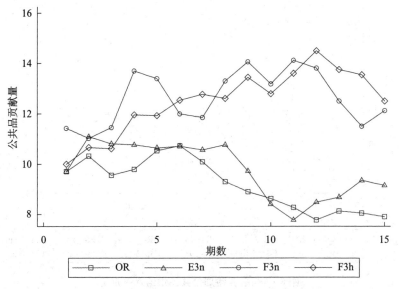

图 8 - 3　四种设计实验的公共品供给水平走势

资料来源：作者绘制。

本章 OR 与 E3n 这两个设计实验的结论与德南特－博蒙特等（2007）、尼基福拉基斯（2008）的结论是一致的，即合作难免退化。

表 8－4 为不同设计实验中各期公共品平均贡献量的两样本 Wilcoxon 秩和检验结果。F3h 和 F3n 的两样本 Wilcoxon 秩和检验的 P 值较大，再次验证两者之间并没有显著差异，OR 与 E3n 的两样本 Wilcoxon 秩和检验的 P 值为 0.09，这说明至少在 5% 显著水平下不可拒绝两样本中位数相等的原假设。更为重要的是，Wilcoxon 秩和检验显示，两个以"F"命名的设计实验的各期公共品平均贡献量显著高于 E3n 和 OR 设计的对应数值。这进一步验证了图 8－2 和图 8－3 的结论。

表 8－4　　　公共品供给水平的两样本 Wilcoxon 秩和检验

	F3n	E3n	OR
F3h	$z = -0.124$；$P = 0.9010$	$z = 3.920$；$P = 0.0001$	$z = 4.417$；$P = 0.0000$
F3n	—	$z = 4.625$；$P = 0.0000$	$z = 4.666$；$P = 0.0000$
E3n	—	—	$z = 1.701$；$P = 0.0889$

资料来源：作者计算。

简而言之，在 F3h 和 F3n 两个涉及旁观者的实验中，尽管公开的信息量多寡不一，但各期公共品平均贡献量差异不大，且均呈上升走势；在 E3n 和 OR 两个不涉他的实验中，尽管前者的平均贡献量略高于后者的贡献量，但显著性水平不高，而且这两个设计实验中各期公共品平均贡献量呈下降走势。由此可见，为被试公开更多的信息，尚不足以改善公共品自愿供给合作，但为更多的被试公开信息，能够维系公共品自愿供给合作。至此，本章研究证实了假设 1a 和假设 1b，即得到本章的结论 1－1 和结论 1－2。需要说明的是，在与本章相关的龟井和普特曼（2015）研究中，增加信息公开的内容明显促进了公共品自愿供给合作，与此处的结论 1－1 稍有不同。

结论 1 – 1：增加信息公开的内容未能明显促进公共品自愿供给合作。

结论 1 – 2：扩大信息公开的受众能够明显促进公共品自愿供给合作。

二、对惩罚力度的计量分析

1. 第一次惩罚

本章实验均设有两次惩罚机会，这里着重分析第一次惩罚中的反社会惩罚行为，探究反社会惩罚行为的社会心理基础。按照赫尔曼等（2008）、汪崇金和史丹（2016）等的做法，当被试 A 的公共品贡献量低于 B 的贡献量时（CA < CB），被试 A 对 B 的惩罚则被定义为反社会惩罚；反之，则为亲社会惩罚。据此可统计得，第一次惩罚阶段的反社会惩罚共计 366 次，惩罚点数平均为 1.68（Std. Dev. 1.38）；亲社会惩罚共计 1164 次，惩罚点数平均为 1.74（Std. Dev. 1.35）。下面，以被罚者贡献量对施罚者贡献量和对小组平均贡献量的偏离为主要解释变量，构建模型（8.2）。

$$antisocial\_ \ p_{ij}^{1st} = \alpha_0 + \alpha_1 \max\{0, \bar{c} - c_j\} + \alpha_2 \max\{0, c_j - \bar{c}\} + \alpha_3 \bar{c}$$
$$+ \alpha_4 received\_ \ p_i^{1st}\_1 + \alpha_5 received\_ \ p_i^{2nd}\_1$$
$$+ \alpha_6 treatment + \delta + \varepsilon \qquad (8.2)$$

其中，被解释变量为 $antisocial\_ \ p_{ij}^{1st}$，表示第一次惩罚阶段被试 i 对被试 j 的反社会惩罚（未惩罚时，值为 0）；α 为系数，$\max\{0, \bar{c} - c_j\}$（$\max\{0, c_j - \bar{c}\}$）表示被试 j 的贡献量对小组平均贡献量的负向偏离绝对值（正向偏离）；$\bar{c}$ 表示小组平均贡献量；$received\_ \ p_i^{1st}\_1$（$received\_ \ p_i^{2nd}\_1$）表示被试 i 在前一期第一次（第二次）惩罚阶段遭受的惩罚点数；$treatment$ 表示实验设计，为虚拟变量。

表 8 – 5 是按照模型（8.2），运用随机效应 Tobit 模型，对不同实验设计中第一次惩罚阶段的反社会惩罚行为的两两对比分析

结果。以行（1）列（1）为例，0.04 为基于模型（8.2）的变量
"*treatment*"的回归系数，缺省项为"F3h"，该回归系数显著为
正，说明相对于 F3h 设计实验，F3n 设计实验中的反社会惩罚力度
更大。按照类似逻辑从表 8 - 5 可概括得，在 OR、E3n、F3n 和
F3h 四个设计实验中，在相同的其他条件下，反社会惩罚力度越来
越小。

表 8 - 5　　　对第一次惩罚阶段反社会惩罚力度的对比分析

	F3n（1）	E3n（2）	OR（3）
F3h（1）	0.0395 ***，F3h# < F3n	0.0224 **，F3h# < E3n	0.0180，F3h# < OR
F3n（2）	—	0.0167，F3n# < E3n	0.0749 ***，F3n# < OR
E3n（3）	—	—	− 0.0597 ***，E3n < OR#

注：① *** 、** 、* 分别表示显著性水平为 1%、5%、10%。②带有"#"的设
计为缺省项。

资料来源：作者计算。

　　下面，本章将被试的"信任感""公平感""责任感"等反映
社会认知的主观态度指标作为解释变量，纳入上面的模型（8.2），
对第一次惩罚阶段的反社会惩罚进行计量分析。此处还是运用随
机效应 Tobit 模型。计量分析结果详见表 8 - 6。

表 8 - 6　　　对第一次惩罚阶段反社会惩罚力度的经济分析

标的：j 的贡献量	模型 1 - 1	模型 1 - 2	模型 1 - 3	模型 1 - 4
对小组平均贡献量的负向偏离的绝对值（1）	− 0.0085 ***	− 0.0091 ***	− 0.0085 ***	− 0.0085 ***
对小组平均贡献量的正向偏离（2）	0.0161 ***	0.0156 ***	0.0161 ***	0.0161 ***
小组平均贡献量（3）	0.0014	0.0010	0.0013	0.0012
被试 i 前一期第一次被惩罚（4）	0.0151 ***	0.0146 ***	0.0152 ***	0.0149 ***
被试 i 前一期第二次被惩罚（5）	0.0325 ***	0.0315 ***	0.0325 ***	0.0323 ***
实验设计：E3n（6）	− 0.0620 ***	− 0.0746 ***	− 0.0621 ***	− 0.0649 ***
F3n（7）	− 0.0300 *	− 0.0465 ***	− 0.0274 *	− 0.0340 **
F3h（8）	− 0.0852 ***	− 0.0896 ***	− 0.0851 ***	− 0.0902 ***
信任感（9）		− 0.0386 ***		
公平感（10）			− 0.0134 **	
规范感（11）				− 0.0059 *

续表

标的：j 的贡献量	模型 1-1	模型 1-2	模型 1-3	模型 1-4
观测数	7644	7644	7644	7644
Log likelihood	-4474.99	-4463.92	-4473.11	-4472.77
Wald chi2	350.73	374.26	354.64	355.46
Prob > chi2	0.0000	0.0000	0.0000	0.0000
rho	0.0094	0.0087	0.0099	0.0095

注：①实验设计的缺省项表示 OR。②从反社会惩罚的定义来看，比较的是被试 j 的贡献量对被试 i 的贡献量的偏离，因此解释变量中未再考虑该项偏离。③ *** 、 ** 、 * 分别表示显著性水平为 1%、5%、10%。

资料来源：作者计算。

表 8-6 有三个现象值得强调。一是系数（4）和系数（5）均显著地为正，说明被试在前一期遭受到的两次惩罚均影响到其当期对他人的反社会惩罚，其中，系数（5）明显大于系数（4），说明被试在前一期遭受的第二次惩罚对其实施的反社会惩罚影响更大。二是系数（6）至系数（8）分别对应 E3n、F3n、F3h 三个设计实验的控制变量，其中，OR 设计实验为缺省，这三个系数在不同的显著性水平为负，说明相对于 OR 设计而言，三个设计实验中的反社会惩罚均有所减少。这与表 8-5 分析结果是一致的。三是系数（9）至系数（11）均显著为负，说明这些变量与反社会惩罚呈负向关系。其中，"信任感（trust_ others）""公平感（fair_ 1）""市民规范感（civic_ norm）"分别表示，如何看待知晓自己隐私的朋友、他人的插队行为，以及如何判断未受益的政府项目。"trust_ others"值越大，表示被试越是信任他人，其回归系数为负，说明越是信任他人的被试，实施的反社会惩罚越小；"fair_ 1"值越大，表示被试的公平感越强，其回归系数为负，说明公平感越强的被试，实施的反社会惩罚越小；类似地，"civic_ norm"值越大，表示被试的市民规范感越强，其回归系数为负，说明规范感越强的被试，实施的反社会惩罚越小。此外，系数（1）和系数（2）显著地为一负一正，这说明被试公共品贡献量越是低于小组平均贡献量，遭受的反社

会惩罚越小，反之亦反之。这与反社会惩罚的定义是相符的。

综上所述，表 8 - 5 与表 8 - 6 所呈现的就第一次惩罚阶段的反社会惩罚的计量分析结果显示，在同等条件下，OR、E3n、F3n 和 F3h 四个设计实验中被试实施反社会惩罚的力度随之减轻。换言之，本章实验研究否定了假设 2a，支持了假设 2b。即得到结论 2 - 1 和结论 2 - 2。

结论 2 - 1：增加信息公开的内容有助于抑制反社会惩罚。

结论 2 - 2：扩大信息公开的受众有助于抑制反社会惩罚。

同时，表 8 - 6 所呈现的就反社会惩罚行为的分析结果证实了假设 3a 至假设 3c。为此得到本章结论 3 - 1 至结论 3 - 3。

结论 3 - 1：个体的公平感越强，实施的反社会惩罚越小。

结论 3 - 2：个体的公正感越强，实施的反社会惩罚越小。

结论 3 - 3：个体的规范感越强，实施的反社会惩罚越小。

2. 第二次惩罚

被试实施第二次惩罚的动机相对更为复杂，可能是报复性的惩罚，也可能是对他人在公共品投资阶段的"搭便车"行为的不满，而等到这一阶段才实施的惩罚，在 F3n 和 F3h 设计实验中，还可能是被试作为旁观者，对他人在第一次惩罚阶段的错误惩罚或惩罚失责而实施的惩罚。需要强调的是，在 OR 和 E3n 设计实验的第二次惩罚阶段，被试无法作为旁观者实施第三方监督，因此，在有些模型中仅对其中的部分样本进行分析。参照龟井和普特曼（2015）的做法与本章的实际，构建下面模型（8.3）。

$$p_{ij}^{2nd} = \beta_0 + \beta_1 \max\{0, c_i - c_j\} + \beta_2 \max\{0, c_j - c_i\}$$
$$+ \beta_3 prosocial\_ p_{ji}^{1st} + \beta_4 antisocial\_ p_{ji}^{1st}$$
$$+ \beta_5 sumprosocial\_ p_{jk,k \neq i}^{1st} + \beta_6 sumantisocial\_ p_{jk,k \neq i}^{1st}$$
$$+ \beta_7 \bar{c} + \beta_8 period + \delta + \varepsilon \qquad (8.3)$$

前两个解释变量在模型（8.2）中已做过说明，这里需要补充的是，被解释变量 p_{ij}^{2nd} 表示在第二次惩罚阶段被试 i 对被试 j 的惩罚，解释变量 $prosocial\_\ p_{ji}^{1st}$（$antisocial\_\ p_{ji}^{1st}$）表示在第一次惩罚阶段，被试 j 对被试 i 的亲社会惩罚（反社会惩罚），$sumprosocial\_$ $p_{jk,k\neq i}^{1st}$（$sumantisocial\_\ p_{jk,k\neq i}^{1st}$）表示在第一次惩罚阶段，被试 j 对其他人的亲社会惩罚（反社会惩罚）之和。运用 Tobit 随机效应模型计量分析的结果见表 8 - 7。

表 8 - 7　　　　　　　　第二次惩罚的自我强化效应分析

解释变量（未注明的均为第一次惩罚）	OR 模型 2 - 1	E3n 模型 2 - 2	F3n 模型 2 - 3	F3n 模型 2 - 4	F3h 模型 2 - 5	F3h 模型 2 - 6
对 i 的负向偏离的绝对值（1）	0.0053	0.0328 ***	0.0440 ***	0.0435 ***	0.0503 ***	0.0509 ***
对 i 的正向偏离（2）	- 0.0026	0.0015	0.0090	0.0087	0.0089	0.0081
j 对 i 的亲社会惩罚（3）	0.5834 ***	0.3851 ***	0.4314 ***	0.4332 ***	0.3476 ***	0.3526 ***
j 对 i 的反社会惩罚（4）	0.8013 ***	1.2870 ***	0.5514 ***	0.5200 ***	0.4849 ***	0.4766 ***
j 对他人的亲社会惩罚之和（5）	—	—	0.0166	0.0180	0.0368	- 0.0000
j 对他人的反社会惩罚之和（6）	—	—	0.1520 ***	- 0.0720	- 0.0000	- 0.0925
交叉项（7）				0.0345 **		0.0241 **
小组平均贡献量（8）	- 0.0079	- 0.0211 ***	- 0.0210 **	- 0.0207 **	- 0.0114	- 0.0117
时期（9）	0.0062 *	0.0052 *	0.0139 **	0.0130 **	- 0.0079 *	- 0.0074 *
观测值	2 952	2 664	1 296	1 296	1 476	1 476
Log likelihood	- 3377.50	- 2418.71	- 1702.28	- 1699.99	1247.43	- 1244.88
Wald chi2（6）	2706.46	1865.69	333.04	338.73	444.83	451.59
Prob > chi2	0.0000	0.0000	0.0000	0.0000	0.0000	0.0000
rho	0.0167	0.0374	0.0987	0.0965	0.0852	0.0868

注：此处运用 "Random-effects tobit regression"，且未列固定项的系数。***、**、* 分别表示显著性水平为 1%、5%、10%。

资料来源：作者计算。

从表 8 - 7 来看，以下几点值得关注。一是在四种设计实验中，系数（1）和系数（2）的绝对值均较小，这说明被试在第一阶段的公共品供给行为对第三阶段的惩罚行为影响不大；其中，OR 设计实验中负向偏离的回归系数（1）不显著，这或许与在 OR 设计的第三阶段没有提供队友公共品贡献量信息这一做法有关，从而使得被试更加关注他人在第二阶段对自己的惩罚。二是四种设计实验中，系数（3）和系数（4）基本上均显著为正，说明如果被试 j 在第二阶段向被试 i 实施的惩罚越大，无论是反社会惩罚还是亲社会惩罚，在第三阶段遭到被试 i 的惩罚也越大，当然被试 i 对反社会惩罚的报复力度明显大于对亲社会惩罚的报复力度（系数（4）均高于系数（3））。三是 F3n 与 F3h 设计实验的系数（5）和系数（6）正负不一、显著性水平不高，从中不能判定被试就队友对他人的惩罚行为进行了监督和惩罚。换言之，被试对他人之间的纠纷关注不多，更在意自己被惩罚情况。这一判断与实验后的问卷调查的结果较为一致。调查结果显示，被低贡献者惩罚时，被试对其的负面情感均值为 5.33，当被试不是当事人而是旁观者时，他的负面情感均值为 4.59。负面情感的数值越小，表示反感程度越低。而且，两样本 Wilcoxon 秩和检验为 z = 4.99，Prob = 0.00，说明被试对这两种情形的负面情感显著不同。这样就难怪在 E3n、F3n 与 F3h 三种设计实验中的两次惩罚分布差异并不显著。四是系数（7）对应的是被试对社会公平认知程度的变量"fair_ 2"与队友对他人反社会惩罚的交叉项，在模型 2 - 4 和模型 2 - 6 中，该系数均显著为正，这说明越是认为社会比较公平的被试，当队友对他人实施的反社会惩罚越大，他对该队友实施的惩罚也越大。换言之，认为社会规范越强的旁观者，越是愿意监督队友对他人的反社会惩罚，私人惩罚自我强化效应越明显。本章实验研究支持了假设 4，即得到结论 4。

结论4：第三方监督有条件地具有私人惩罚的自我强化效应。

第六节　结论与启示

本章基于公共品实验，通过增加信息公开内容、扩大信息公开受众，引入旁观者及其第三方的监督，探索私人惩罚的自我强化机制，并探析反社会惩罚行为的社会心理基础，得到以下四个方面的主要结论：第一，增加信息公开的内容未必能有效促进社会合作。具体而言，至少在 F3n 与 F3h 对比中，增加的信息量未能改善公共品自愿供给合作；然而，扩大信息公开的受众有助于促进社会合作，这体现为以"F"命名的两个涉他的设计实验中的合作水平显著高于 OR 与 E3n 两个不涉他的设计实验中的合作水平。第二，随着更大程度的信息公开，在同等条件下，被试实施反社会惩罚的力度越来越小。这说明在本章实验中，无论是增加信息公开的内容，还是扩大信息公开的受众，都有助于抑制反社会惩罚。第三，社会认知是影响反社会惩罚的一个重要变量，被试的"信任感""公平感""规范感"越强，实施的反社会惩罚越小。第四，第三方监督对私人惩罚的自我强化效应或多或少地存在。尽管第三方监督整体而言无益于"把私人惩罚搞对"，但具体到部分社会规范认知较强的被试，他们的第三方监督具有私人惩罚自我强化效应。

至此，本章得到了这样一个基本的判断，无论是增加信息公开内容还是扩大信息公开受众，都有益于抑制反社会惩罚，而且，扩大信息公开受众能够维系公共品自愿供给合作，因为随着信息公开受众的扩大，旁观者的第三方监督也能发挥一定的作用，以引导人们正确使用私人惩罚机会，包括有助于抑制反社会惩罚。除此之外，这其中可能还存在其他的作用机制，例如自我形象考虑。这是除先天性的特质（如与亲社会行为相关的利他性）、外在考虑（如货币收益）之外，人们自愿贡献公共品的又一个重要动机（Benabou and Tirole，2006）。例如，里奇和泰勒（Rege and Telle，2004）让被试在完成投资决策之后，站出来并在小黑板上写下自己的贡献量。他们发现这一安排会鼓励被试增加公共品贡献量。艾瑞里等（Ariely et al.，2009）也得到了类似的结论。本章两个以 F 命名设计实验将小组所有成员的贡献量信息公开出来，关注自我形象的个体可能会因此积极贡献，这或许是这两个设计实验中公共品自愿供给水平高于 E3n 设计实验，特别是 OR 设计实验的供给水平的另一个重要原因。

　　基于上述研究与探讨，本章有以下几个方面的启示。

一、社会治理需要信息公开

　　对于社会合作而言，信息公开究竟是利还是弊？从事公共品实验研究的学者们自分两派、各执一词。信息公开对公共品自愿供给合作的影响之所以具有不确定性，很可能是因为多数人都是条件性合作者。他们在他人合作时会合作、在他人"搭便车"时也会"搭便车"，信息公开对合作的影响可能因此呈现双向的，这也就无怪乎"仁者见仁，智者见智"了。不过，本章基于高阶惩罚实验研究显示，仅仅是增加信息公开的内容未能改进公共品自愿供给合作。

　　但在现代社会治理中，这不能成为拒绝信息公开的理由。实际上，信息公开是实现良好社会治理的一个基点，并被作为诸多改革的政策选项。与此相应地，本章研究不仅证实了信息公开有助于抑制反社会惩罚，还证实了随着信息公开，旁观者的"入场"

会带来新的维系社会合作的力量。一方面，关注自我形象的个体可能会因此积极贡献，另一方面，来自旁观者的第三方监督，为"搭便车"行为或反社会惩罚行为形成潜在威慑，进而改善预期、间接促进公共品自愿供给合作。这种判断对于促进社会治理创新具有较高的指导意义。例如，加纳、印度尼西亚等一些国家推出了 PROPER 项目，该项目仅仅公开了污染企业的减排信息，但不会采取强制措施。即使如此，这也能够促进企业自发地减少污染物排放，而且很多企业在短期内就改进了其排名，"助推"效果明显。本章研究正好为此类项目提供了一个理论解释。我们乐见，中国于 2015 年 1 月 1 日起实行的《企业事业单位环境信息公开办法》，规定设区的市级人民政府环境保护主管部门，应当于每年 3 月底前确定本行政区域内重点排污单位名录，并通过政府网站、广播电视等方式公布于众。目前，青岛、南京、大连等地相继设立了"重点排污单位信息公开平台"，发布相关企业信息。鉴于上述研究，本章建议相关部门，应加大宣传力度，扩大污染物排放信息公开的受众，进一步增强企业主动减排的动力。推而广之，在社会治理的其他领域，如政府招标中的专家打分、提职升迁中的民主评议等，建议采用实名制并辅以实时或延期公开机制，促进打分评议工作更为合理。

二、社会治理需要私人惩罚

当契约不存在或者不完全时，分散化市场往往无法实现有效分配，政府也通常不具备必要的信息和动机而无法提供适当的治理，私人惩罚往往能在夹缝中显身手。党的十八大以来，中国"正式制度失灵""非正式制度缺失"等社会治理问题，得到了明显的改善。其间，私人惩罚为社会治理提供了大量必不可少的"地方知识"，积极发挥着社会控制职能。中国一方面在"自律"

上发力，积极培育和弘扬社会主义核心价值观，推进道德重建和再生，通过内化、认同和融合等心理过程，寻求道德支持的自我行为约束途径；另一方面在"他律"上做文章，各级党委政府积极畅通投诉举报渠道，完善社会监督机制，在私人惩罚与公共惩罚的互动中探寻良法善治，在缺乏公共权威的情景中，来自私人之间的相互监督与惩罚对于群体中的违规、卸责、"搭便车"等行为，也形成了强有力的威慑。然而，值得一提的是，在吴佳佳等（2009）、汪崇金和史丹（2016）等以中国大学生为被试的经济学实验中，利他性惩罚乏力、对他人利他性惩罚的预期不足、私人惩罚机制失效等现象，应该是对中国社会私人惩罚的社会控制职能缺失的真实映射。换言之，中国社会仍需在"他律"上持续发力，进一步发挥私人惩罚的社会控制职能。

私人惩罚自古以来就是一支重要的社会控制力量，不过当今社会治理中所倡导的私人惩罚不是无依无据的谩骂，更不是居心叵测的报复或恶意中伤，而是对违规、卸责、"搭便车"等行为的监督与惩罚，是一种亲社会行为，传播的是正能量。现实生活中，一些组织在管理中引入"同事相互评价""人盯人"等策略，网络上的"人肉搜索"也曾盛极一时。但这种告密揭发的做法遭受到了来自各个方面的挑战，质疑的声音层出不穷。这种挑战与质疑不无道理。但我们乐见，中国在运用私人惩罚这一社会控制手段的过程中能够因势利导、及时规范。一方面，强调私人惩罚与公共惩罚的良性互动；另一方面，在缺乏公共权威的情景中，特别是在组织内部，鼓励私人之间的相互监督与惩罚要"当面锣，对面鼓"，而不是暗地里互相"揭发"。强调私人之间的相互监督与惩罚能够公之于众，这与本章研究发现的私人惩罚自我强化效应的结论是相契合的，旁观者的存在能够有助于引导人们正确使用私人惩罚。

三、私人惩罚需要社会资本

如何用好私人惩罚这把"双刃剑"，这是当今社会治理需要解决的现实难题。私人惩罚是不完全契约的一种自我实施机制，但能否有效地加以实施？这取决于社会群体特定的文化背景和文化传统。上文提到了赫尔曼等（2008）以16个来自不同文化背景的被试群体为实验对象，研究发现，利他性惩罚对社会合作的影响不同，从而强调了私人惩罚自我实施的社会环境的重要性，其中社会资本是重要的解释变量。本章基于中国被试从微观层面也发现，人们的"公平感""信任感""规范感"等社会认知是影响反社会惩罚行为的重要因素，旁观者的第三方监督对反社会惩罚的抑制作用也与"公平感"有关。这些判断与经济学家将社会资本看作是合作与良好治理的决定性因素的做法一致。

然而，社会资本基础薄弱是中国当前社会治理的一个难题。社会资本的缺乏意味着居民间"信任、规范以及网络"的缺失，居民的"自愿的合作"很难出现，从而在社会治理中出现"行政有效、治理无效"的局面。这在本章实验中得到了印证。作为旁观者，人们对他人的反社会惩罚关注不多、监督不力，第三方监督只是有条件地具有私人惩罚的自我强化效应。这些都是这一问题的具体体现。私人惩罚作为一个社会控制手段，影响着社会的方方面面。但在一个缺乏社会资本的群体内部，私人之间的相互监督与惩罚很可能会触发猜忌、破坏团结、侵蚀信任，甚至造成"惩罚—报复—再报复"的恶性循环；反之，在一个社会资本丰富的群体内部，私人之间的相互监督与惩罚可能是"难得是诤友，当面敢批评"的另一番境界。总之，在发挥私人惩罚的社会控制职能的同时，更需要大力培育社会资本，努力"把私人惩罚搞对"，增强群体的自我组织与自我管理能力，提升公共服务的共建能力与共享水平。

第九章　结论及研究展望

第一节　主要结论

管理，实质是对人的管理。实现社会管理创新，首先要对"人"有所新认识。因此，在公共品供给机制设计之前先要弄清公共品自主供给过程中"人"的行为特征。传统经济学的"搭便车"并不是故事的全部，而从"弱互惠"概念发展而来的"强互惠"反映了学术界对这一问题的新思考。本书基于"强互惠"理论，运用实验经济学的方法，对公共品自愿供给情境下人们的行为特征，以及促进公共品自愿供给的制度设计展开了一系列研究并有所发现。概括起来，本书有以下几点结论。

第一，在重复多期的公共品实验中，个体社会性偏好的异质性与预期的动态调整共同决定了实验被试的投资行为。无论是从贡献意愿还是从实际贡献来看，被试均表现出明显的异质性；不过，社会性偏好异质性会过高地估计被试的公共品投资，因为在实验中，被试的公共品投资不仅与其内在的社会性偏好有关，还受其对他人预期的影响，而被试对他人预期的形成过程实质上是一个调整的预期学习过程。总而言之，被试的社会性偏好异质性和对他人预期的形成方式共同地决定了公共品自愿供给合作的逐渐退化。该结论不仅为国际研究提供了来自中国被试的证据，更是提醒我们，促进公共品自愿供给的关键是要进行预期管理。

第二，强互惠作为一种"好的策略"，能够吸引其他行为体，从而扩大同盟并形成共同体，而共同体通过有形无形的制度、规范和文化等对行为体形成约束交易当事人的欺骗和机会主义行为的秩序。我们的相关实验证实，大多数被试表现为积极的强互惠，公共品供给量显著不为零；对于他人的"搭便车"行为，还不惜花费个人成本去惩罚"搭便车"者。尽管如此，我们并不能因此而乐观地认为，强互惠理论一定能够带领我们走出公共品自愿供给过程中的"囚徒困境"。与国外相关文献结论相比，本书实验中来自强互惠者的惩罚对公共品合作的影响并不稳健，这可能是源于被试在实验外习得的社会经验所致，中国现实的私人惩罚及其效果并不显著。

第三，强互惠行为本身也存在着不可忽视的弱点，因为强互惠者基于自己的价值标准对背叛者施以惩罚，而这样的惩罚不是出自正规合法的主体，而是由其他的个体做出，很可能不为被罚者乐见，甚至还会引致报复，报复行为无疑会降低团体的均衡惩罚水平和合作水平，往往还是合作走向失败的主要原因，我们为此提供了相关的实验证据。如何减轻包括报复性惩罚在内的非正常惩罚？本书第五项实验是在高阶惩罚实验设计下，增加信息供给、引入旁观者，结论显示这些措施均可有效改善强互惠行为对公共品自愿供给的影响效果。

第二节　进一步研究的方向

本书对几种经典的亲社会行为进行了社会性偏好的检验，但由于实验数据获取的难度以及作者精力所限，还存在很多问题值得今后进一步深入研究。

第一，一旦涉及"人"，争论就在所难免。2012年2月发表的《行为与脑科学》专门就强互惠理论展开讨论，开篇之作即亮明了瓜拉对强互惠行为现实价值的质疑，随后的文章均来自此领域的著名学者，如埃莉诺·奥斯特罗姆、尼科斯·尼基福拉基斯等，其中，强互惠理论的倡导者赫伯特·金迪斯和恩斯特·费尔还就瓜拉的质疑给予了反驳。这种针尖对麦芒式的争论再次提醒我们，将强互惠理论应用于社会实践，我们还有许多工作要做。特别是，由于长期以来得到的教育、感受到的文化氛围、信守的道德准则等因素的影响，就国际上业已形成的结论，中国被试可能会提出异样的证据。基于这些不同的证据，如何借用中国本土的心理学、社会学理论，进一步给予解释并提出适合中国被试的政府治理路径，是今后需要突破的重点。

第二，由于受财力和精力所限，期待下一步能够开展现场实验。本书设计的两个主要实验的被试均是由学生组成。尽管运用学生作为被试是实验经济学最常用的方法，但是从研究的科学性和严谨性来说还存在一个身份认同或社会认同感对实验行为的影响问题，即一组被试全部由学生来组成，尽管实验是一次性且完全匿名的博弈，但是身份认同仍然可能使得被试在某种程度上可能形成一定的行为默契。因此，今后的研究可以进一步扩大被试的类型，比如身份、职业、年龄的不同构成的被试组合，也可以招募一些更具社会背景、更具现实意义的特征被试如企业员工等。我们也期望今后有覆盖面更为广泛、样本量更大、样本类型更为多元化的数据来对这些相关问题做进一步深入研究，以获取更为可靠、更为稳健、更具一般化的结论。

附录 A：P 实验和 C 实验的主要界面

界面一：P 实验-1

本期数	1 of 1

您向公共账户的无条件贡献量为 [   ]

OK

help
请输人您向公共账户的公共品贡献量，输入完毕后请按"OK"键。

界面二：P 实验-2

| 本期数 | 1 of 1 | 您剩下的时间（秒） |

您向公共账户的贡献量（即Contribution schedule）

0		7		14	
1		8		15	
2		9		16	
3		10		17	
4		11		18	
5		12		19	
6		13		20	

OK

help

请填表，其中给出的数字表示您所在小组其他三位参与者向公共账户的贡献量的平均值。当您完成后，请按"OK"键。

界面三：C 实验

| 本期数 | 1 of 10 | 您剩下的时间（秒） |

您的禀赋为   20

您向公共账户的贡献量

您估计您所在小组其他三人贡献量的平均数为

OK

help

输入完毕后请按"OK"键。

附件 B： 可知惩罚实验的主要界面

界面一：公共品投资阶段

您向公共账户的无条件贡献量为

help

OK

请输入您向公共账户的公共品贡献量，输入完毕后请按"OK"键。

界面二：惩罚阶段

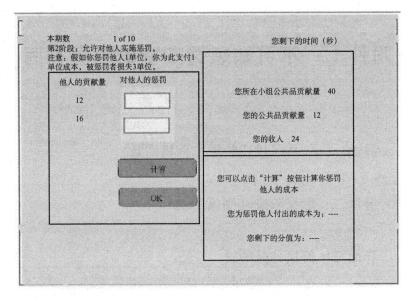

界面三：信息公开阶段

附件 C：不可知惩罚实验的主要界面

界面一：公共品投资阶段（同第四章）

界面二：惩罚阶段（同第四章）

界面三：信息公开阶段

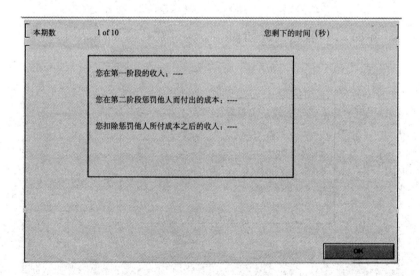

附件 D：控制性问题

控制性问题（P 实验和 C 实验）

1. 每个小组成员都有 20 单位的禀赋，假设小组中四位成员均未进行公共品投资，那么，您的总收入为多少？其他每位成员的总收入为多少？

2. 每个小组成员都有 20 单位的禀赋，假设小组中四位成员均为公共品投资了 20 单位，那么，您的总收入为多少？其他每位成员的总收入为多少？

3. 每个小组成员均有 20 单位的禀赋，其他三位成员均为公共品投入了 20 单位。

（A）如果您投入的不是 20 单位而是 0，那么您的收入为多少？

（B）如果您投入的不是 20 单位而是 8 单位，那么您的收入为多少？

4. 每个小组成员均有 20 单位的禀赋，假设您为公共品投入了 8 单位。如果小组中其他三位成员一共为公共品投入了 22 单位，您的收入是多少？

5. 小组中其他三位成员公共品贡献量的平均值为 12 单位。

（A）如果您对该值的估计数为 12 单位，您将获得多少分值的额外奖励？

（B）如果您对该值的估计数为 14 单位，您将获得多少分值的额外奖励？

（C）如果您对该值的估计数为 11 单位，您将获得多少分值的额外奖励？

6. P 实验为一次性实验，被试需要回答两个问题。第一，给定您的禀赋为 20 分，您为公共品的投资意愿，或称为"无条件贡献"（unconditional contribution）；第二，假定其他三位成员为公共品投资的平均值分别为 0、1、2、…、20，要求被试回答这 21 种情况下自己的投资意愿，或者称为"贡献表"（contribution table）、"条件性贡献"（conditional contribution）。在计算 P 实验的收入时，您的收入可能与您对上述两个问题的回答情况都有关。现假设您所在的小组各成员的"无条件贡献"与"条件性贡献"如下表所示，其中您的序号为 2，谁的"无条件贡献"将用于计算被试的收入，将以掷骰子来决定。

被试	无条件贡献	条件性贡献																				
		0	1	2	3	4	5	6	7	8	9	10	11	12	13	14	15	16	17	18	19	20
1	10	0	1	2	3	4	5	6	7	8	9	10	11	12	13	14	15	16	17	18	19	20
2	10	17	17	17	17	17	17	17	17	17	17	17	17	17	17	17	17	17	17	17	17	17
3	0	0	0	0	0	0	0	0	0	0	0	0	0	0	0	0	0	0	0	0	0	0
4	20	15	15	15	15	15	15	15	15	15	15	15	15	15	15	15	15	15	15	15	15	15

（A）您的"无条件贡献"将用于计算您的收入的概率为多少？

（B）如果您被要求掷骰子，而且，您掷的骰子为 2 点，那么，哪些被试的"无条件贡献"将用于计算您的收入？哪些被试的"条件性贡献"将用于计算您的收入？您的收入为多少？

控制性问题（revenge only-treatment）

1. 在公共品投资阶段，每位成员都有 20 单位的禀赋。假设您所在的小组中四位成员均未向公共账户中投资，那么，您在此阶段的投资收入为多少？假设小组中四位成员均将所有禀赋投入公共账户，那么，您在此阶段的投资收入为多少？

2. 如果其他人向公共账户中投入的禀赋均是 20，而您投入的是 0，那么，您在此阶段的投资收入为多少？其他三位成员的投资收入分别为多少？

3. 在第二阶段，如果您对其他三位队友的惩罚分别为 3、2、0，那么您为此需要支付的成本为多少？如果其他三位队友对您的惩罚分别为 3、2、0，那么您因此面临的损失为多少？

4. 如果其他三位队友在第二阶段对您的惩罚分别为 3、2、0，而您在第三阶段对他们实施的惩罚分别为 4、1、0，那么您因为自己惩罚他人而支付的成本为多少？

控制性问题（F3n-treatment）

1. 在公共品投资阶段，每位成员都有 20 单位的禀赋。假设您所在的小组中四位成员均未向公共账户中投资，那么，您在此阶段的投资收入为多少？假设小组中四位成员均将所有禀赋投入公共账户，那么，您在此阶段的投资收入为多少？

2. 如果其他人向公共账户中投入的禀赋均是 20，而您投入的是 0，那么，您在此阶段的公共品投资收入为多少？其他三位成员的投资收入分别为多少？

3. 在第二阶段，如果您对其他三位队友的惩罚分别为 3、2、0，那么您为此需要支付的成本为多少？如果其他三位队友对您的惩罚分别为 3、2、0，那么您因此面临的损失为多少？

4. 如果其他三位队友在第二阶段对您的惩罚分别为 3、2、0，而您在第三阶段对他们实施的惩罚分别为 4、1、0，那么您因为自己惩罚他人而支付的成本为多少？

5. 假设下图所示界面来自您的计算机，请结合该界面回答下列问题。

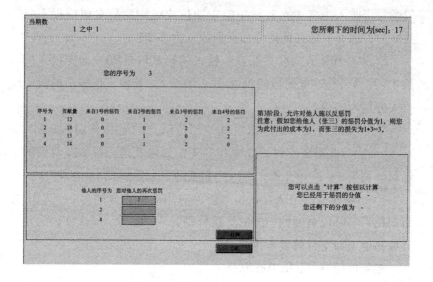

（1）他人在本期的第二阶段对您实施的惩罚分别为多少（按照编号从小到大的顺序填写）？

（2）编号为2的参与者因为在第二阶段遭受的惩罚而损失多少？

（3）在上图三个空格中，假如您填写的数字依次为1、2、3，那么，点击计算后，右下框中"您为惩罚他人，付出的成本为"显示的数值为多少？因为您的惩罚，编号为4的队友将损失多少？

附件 E: 实验说明 (高阶惩罚实验)

　　大家好! 您即将参与的是一个经济学实验。实验后, 您将获得一笔可观的收入, 而收入的多寡是依据您自己以及他人在实验中的选择共同决定的。为此, 请认真阅读本实验说明。

　　首先强调, 实验中不得有任何形式的交流, 也别允许他人看您的电脑界面, 否则, 您将被终止实验。实验中不直接使用"人民币"的概念, 而是以"实验币"来计量, 在实验结束后, 您以实验币计量的收入以 1:0.03 的汇率兑换成人民币。

　　本局实验设计共有 8 期。在各期, 每 4 个参与者随机地被分在一组, 也就是说, 不同时期的小组成员构成是不同。每期实验共有 3 个阶段, 分别为"投资阶段""第一次惩罚阶段""第二次惩罚阶段"。

第一阶段: 投资阶段

　　在第一阶段, 您和其他人一样, 都将得到 20 单位的实验币, 实验中, 我们称为禀赋, 您的任务是在私人账户与公共账户间配置这些禀赋。投入私人账户的禀赋即为您个人的收入, 而您与您所在一小组中其他人 (以下称"队友") 投入公共账户的禀赋汇总到一起, 并以单位资本边际回报为 0.4 的比例转换为公共品, 由您及您的队友非排他性地、非竞争性地共享。

　　假如您作为参与者 i, 投入公共账户的禀赋为 g_i, 留在私人账户的禀赋则为 $20 - g_i$, 该参与者在本阶段的投资收入可用公式 E1 表示, 其中, 系数 0.4 为单位资本边际回报 (MPCR)。

$$\pi_i{}^1 = 20 - g_i + 0.4 \times \sum_{j=1}^{4} g_j \qquad (\text{E}1)$$

由公式 E1 可知，您向私人账户中多投入一个单位的禀赋，您的收入将增加 1 个单位，然而，如果您将这 1 个单位的禀赋投入公共账户，您的收入只是增加了 $0.4 \times 1 = 0.4$ 单位。由此可见，使您利益最大化的选择是将所有禀赋都留在私人账户。当然，您向公共账户中投入 1 个单位的禀赋，不仅将增加您的收入，您队友的收入也将因此增加 0.4 单位，类似地，您队友向公共账户中多贡献 1 单位的禀赋，您的收入也增加 0.4 单位。由此可见，当小组中所有成员均将全部禀赋投向公共账户时，集体利益将达到最大化。对比两种情况，我们不难发现，在此阶段，您面临的是一个"社会困境"。

就具体的操作而言，您需要在下面的界面中输入 0 ~ 20 之间（含）的某个数，表示您投向公共账户禀赋的数量，也即投资量，然后，点击"OK"按钮。当所有人都点击"OK"按钮之后，实验即进入第二阶段。

图 E1

第二阶段：第一次惩罚阶段

本阶段为您提供的信息包括您在第一阶段的公共品投资量
$(20-g_i)$ 和投资收入 (π_i^1)；同时，您还会被告知其他三位队友
在第一阶段的公共品投资量。在这一阶段，您可以对他人实施惩
罚，使他人的收入有所下降，当然，您也需要为此支付成本。在
本章中，惩罚效率设为 1:3，即您对他人实施 1 个单位的惩罚，您
需要支付的成本为 1，而他人的损失为 3。同样的，您的队友也有
权这样惩罚您。

类似于公式 E1，作为参与者 i，您此时的收入可用公式 E2
表示。

$$\pi_i^2 = \pi_i^1 - \sum_{j\neq i} P_{ij}^{\ 2} - 3 \times \sum_{j\neq i} P_{ji}^{\ 2} = 20 - g_i + 0.4 \times \sum_{j=1}^{4} g_j$$
$$- \sum_{j\neq i} P_{ij}^{\ 2} - 3 \times \sum_{j\neq i} P_{ji}^{\ 2} \qquad (E2)$$

其中，$P_{ij}^{\ 2}$ 表示您（参与者 i）对他人（参与者 j）的惩罚量，
而 $P_{ji}^{\ 2}$ 表示他人（参与者 j）对您（参与者 i）的惩罚量，它们的
右上标"2"表示惩罚发生在第二阶段；系数 3 表示惩罚效率。

就具体的操作而言，在图 E2 所示的电脑界面中，您需要就其
他三位队友在第一阶段的公共品投资量，决定对他们实施何种程
度的惩罚。图 E2 所示界面可分为四个部分，左上部分提供的是您
自己在第一阶段的公共品投资量和投资收入；右上部分为提示语，
提示您本实验的惩罚效率为 1:3；左下部分的第一栏分别为您的三
位队友在第一阶段的公共品投资量，相应地，第二栏有三个空格，
您需要做的就是在这三个空格中依次填写上三个非负的整数，表
示您对其他三人实施的惩罚。

需注意的是：第一，空格中无缺省值，您必须填写一个数，
否则显示出错；第二，您若不想惩罚某位队友，则直接填写"0"，
您对他人的最大惩罚量不得超过 10；第三，当您填满 3 个空格之

后，需要点击"计算"按钮，否则也将显示出错，您点击"计算"按钮后，右下部分则显示，您在本期因为惩罚他人而需要支付的成本总数，以及您第一阶段投资收入扣除惩罚成本之后的剩余收入。

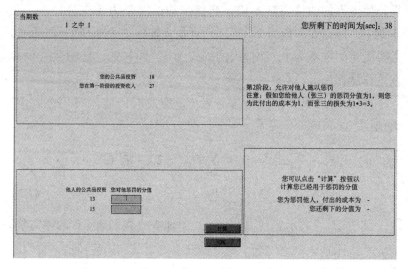

图 E2

当您确认不再调整自己的选择后，请点击"OK"按钮。当所有人都点击"OK"按钮之后，实验即进入第三阶段。

【Unobservable Punishment 实验到此结束!!!】

第三阶段，第二次惩罚阶段

在本阶段，您可以对他人再次实施惩罚。在公式 E1 和公式 E2 的基础上，作为参与者 i，您此时的收入可用公式 E3 表示，类似地，P 的右上标"3"表示惩罚发生在第三阶段：

$$\pi_i^3 = \pi_i^2 - \sum_{j \neq i} P_{ij}^3 - 3 \times \sum_{j \neq i} P_{ji}^3$$

$$= 20 - g_i + 0.4 \times \sum_{j=1}^{4} g_j - \sum_{j \neq i} P_{ij}^2 - 3 \times \sum_{j \neq i} P_{ji}^2$$

$$- \sum_{j \neq i} P_{ij}^3 - 3 \times \sum_{j \neq i} P_{ji}^3 \qquad (E3)$$

按照提供给被试的信息内容的不同，实验分四个设计，分别为 E revenge only-treatment、E3n-treatment、F3n-treatment、F3h-treatment。下面，我们将分别介绍。

Treatment 1：E revenge only-treatment

在第三阶段，只为被试提供了有关他人对自己的惩罚信息，而不再提供各位在第一阶段的投资量信息（包括自己的）；第三阶段结束后，也仅仅提供了自己在本期的收入，而不会提供具体的有关惩罚的信息。

Treatment 2：E3n-treatment

在 E3n-treatment 中，您能看到在第二阶段惩罚了您自己的（因此以 egoistic 的首字母命名）那些队友在第一阶段的公共品投资量，如图 E3 所示界面左下部分的第一栏；同时，您还能看到自己在第一阶段的公共品投资量和投资收益（见界面的左上部分），

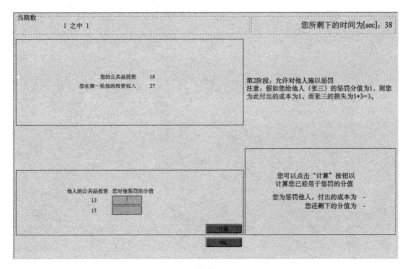

图 E3

以及本实验的惩罚效率（见界面的左上部分）。你就这些信息可以对那些在第二阶段惩罚过自己的队友实施惩罚，具体操作类似于第二阶段的惩罚环节，即在界面左下部分的第二栏填写惩罚情况，然后依次点击"计算"和"OK"按钮。

这里需要注意的是，在本设计的第三阶段，参与者只能对那些在第二阶段惩罚了自己的队友实施惩罚。因此，有些参与者在第二阶段没有遭受到惩罚，在本阶段则不可对他人再次实施惩罚，而只要求依次点击"计算"和"OK"按钮。

Treatment 3：F3n-treatment

在 F3n-treatment 中，您不仅能看到您的队友对您自己实施的惩罚，还能看到您的队友对其他人的惩罚情况。详见图 E4 界面，在界面左上部分的框体中，第一栏为四位参与者的编号，第二栏为四位参与者在本期第一阶段的公共品投资量，第三至第六栏分别为四位参与者对他人的惩罚情况。如果该界面来自您桌前的计

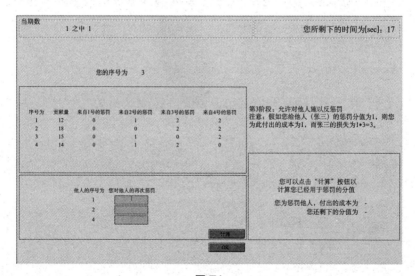

图 E4

算机，则该界面左上面一行显示的序号即为您的编号，也就是说，您在本期的编号为1，凭此编号，您将不难找出有关您的信息：您在第一阶段的公共品投资量为1，其他三位队友在第二阶段对您实施的惩罚依次为2、3、3。另外，我们还注意到，该框体中的后四列中，对角线部分均为"0"，这是因为，对角线部分的数值表示自己对自己的惩罚，显然，这些数字都应该是"0"。

需要完成的具体操作类似于第二阶段的，即在界面左下部分框体中的第二栏填写惩罚情况，然后依次点击"计算"和"OK"按钮。注意，界面中"反惩罚"改为"再次惩罚"。

还需要提醒的是，参与者在不同时期的编号可能是不同的，这是由计算机程序随机地编排的，千万不要以为相同的编号指向的是同一位参与者。

Treatment 4：F3h-treatment

F3h-treatment 中不仅详细公布了所有参与者在第一阶段的公共品投资量、第二阶段的惩罚情况，而且，从第二期开始还公布了小组成员往期（最长包括前四期）的公共品投资量平均数。

附件 F：调查问卷

一、社会角色

（1）您的政治面貌是？（　　　）

1 = 共产党员；2 = 共青团员；3 = 普通群众

（2）您的家庭经济状况在当地属于哪一档？（　　　）

1 = 远低于平均水平；　　　2 = 低于平均水平；

3 = 平均水平；　　　　　　4 = 高于平均水平；

5 = 远高于平均水平

（3）您是否为家庭中的独生子女？（　　　）

1 = 是；　　　　　　　　　2 = 否

（4）您是某个志愿组织（如环境保护、爱心组织）的会员吗？
（　　　）

1 = 是；　　　　　　　　　2 = 否

二、情感反应

情感反应，下列描述了几种情况下的惩罚（假设数量均为 1
单位），请用 1 ~ 7 这 7 个数分别表示您对这些惩罚的心理感受，
其中，1 表示一点都不愤怒，而 7 表示非常愤怒。

（5）假设您所在小组的公共品平均贡献量为 8，您的贡献量为
14，您的一位队友的贡献量为 12，他惩罚了您 1 个单位，您对这

样的惩罚持何种态度？（　　　）

（6）假设您所在小组的公共品平均贡献量为 8，您的一位队友 A 的贡献量为 14，另一位队友 B 的贡献量为 12，并且假设 B 对 A 实施了惩罚，请问您对这样的惩罚持何种态度？（　　　）

（7）假设您所在小组的公共品平均贡献量为 8，您的贡献量为 14，您的一位队友的贡献量为 6，他惩罚了您 1 个单位，您对这样的惩罚持何种态度？（　　　）

（8）假设您所在小组的公共品平均贡献量为 8，您的一位队友 A 的贡献量为 14，另一位队友 B 的贡献量为 6，并且假设 B 对 A 实施了惩罚，请问您对这样的惩罚持何种态度？（　　　）

（9）假设您所在小组的公共品平均贡献量为 8，您的贡献量为 6，您的一位队友的贡献量为 4，他惩罚了您 1 个单位，您对这样的惩罚持何种态度？（　　　）

（10）假设您所在小组的公共品平均贡献量为 8，您的贡献量为 14，您的一位队友的贡献量为 16，他惩罚了您 1 个单位，您对这样的惩罚持何种态度？（　　　）

（11）假设您所在小组的公共品平均贡献量为 8，您的贡献量为 6，您的一位队友的贡献量为 12，他惩罚了您 1 个单位，您对这样的惩罚持何种态度？（　　　）

（12）假设您所在小组的公共品平均贡献量为 8，您的贡献量为 4，您的一位队友的贡献量为 6，他惩罚了您 1 个单位，您对这样的惩罚持何种态度？（　　　）

三、社会资本

（13）一般来说，你认为社会上的大多数人可以信任吗？（　　　）

1 = 可以信任；2 = 小心为好（表示不信任）

（14）如果你为大家的利益吃亏受罪，大家一定拥护你吗？
（　　）

1 = 是；　　　　2 = 否

（15）如果你为大家主持正义，多数人会回报你吗？（　　）

1 = 是；　　　　2 = 否

（16）你有过出面为别人主持正义的经历吗？（　　）

1 = 是；　　　　2 = 否

（17）你在排队时，如果有人在你前面插队，当然，你和插队者之间还有几个人，你是如何应对的？（　　）

4 = 当面指责并试图制止；

3 = 只是小声嘀咕几声而已；

2 = 没有说什么，如果有人出面制止，我会声援的；

1 = 没有说什么，因为插队的位置不是在我跟前

（18）如果您在不经意间把您的隐私告诉了你的一个信得过的朋友，您会有何感觉？（　　）

1 = 后悔，担心自己的朋友会把隐私传播出去；

2 = 不会在这类私人琐事上考虑太多；

3 = 不后悔，知道朋友不会把自己的私密问题传播出去

（19）如果您在路边看到老人摔倒了，您会怎么做？（　　）

1 = 虽然想去扶老人，可是没有行动，装作没看到；

2 = 马上去扶老人，看老人有没有受伤；

3 = 先找一个路人帮忙作证，再去扶老人

（20）法治是测量社会成员信任并遵守社会规则的程度，尤其是合同执行、警察、法院的质量，以及发生犯罪和暴力的可能性。（从"最弱的"到"最强的"5个档次，1表示"最弱的"，5表示"最强的"）（　　）

1，2，3，4，5

（21）如果他人有机会占您的便宜时，您认为大部分人都会这样去做？还是会公平地对待您？（从"人们会占您便宜的"到"人们会公平地对待您"10 个档次）

请您就下列一些情形，判断其合理性（从"一点都不合理"到"一直都合理"10 个档次）

情形一：您并不从中受益的一些政府项目

情形二：公共交通上的逃票

情形三：逃税

参考文献

[1]［美］阿维纳什，迪克西特．法律缺失与经济学：可供选择的经济治理方式［M］．北京：中国人民大学出版社，2007．

[2]［美］埃利诺·奥斯特罗姆．集体行动何以可能［J］．华东理工大学学报社科版，2010（2）．

[3]［美］埃莉诺·奥斯特罗姆．公共事务的治理之道［M］．上海：上海译文出版社，2012．

[4]［美］鲍尔斯，金迪斯．合作的物种：人类的互惠性及其演化［M］．杭州：浙江大学出版社，2015．

[5]［美］冯·诺伊曼，摩根斯顿．博弈论与经济行为［M］．上海：上海三联书店，1994．

[6]［美］弗朗西斯·福山．信任：社会美德与创造经济繁荣［M］．海口：海南出版社，2001．

[7]［美］科斯哈特，斯蒂格利茨等．契约经济学［M］．北京：经济科学出版社，1999．

[8]［美］全球治理委员会．我们的全球伙伴关系［R］．牛津：牛津大学出版社，1995．

[9]［美］塞缪尔·鲍尔斯，赫伯特·金迪斯．合作的物种——人类的互惠性及其演化［M］．杭州：浙江大学出版社，2015．

[10]［美］詹姆斯，罗西瑙．没有政府的治理：世界政治中

的秩序与变革 [M]. 南昌：江西人民出版社，2001.

[11] [美] 詹姆斯·M·布坎南. 立宪契约中的自由 [M]. 得克萨斯：得克萨斯 A&M 大学出版社，1978.

[12] [英] 霍布斯. 利维坦 [M]. 北京：商务印书馆，1985.

[13] [英] 卢梭. 论人类不平等的起源和基础 [M]. 北京：商务印书馆，1997.

[14] [英] 亚当·斯密. 国民财富的性质和原因的研究 [M]. 北京：商务印书馆，1972.

[15] 安体富，任强. 公共服务均等化：理论、问题与对策 [J]. 财贸经济，2007（8）：48－53，129.

[16] 卜昭滔. 驻村"第一书记"对马克思主义大众化的推动——以山东省省派驻村"第一书记"工作为例 [J]. 山东省农业管理干部学院学报，2013，30（5）：6－8.

[17] 曹大宇. 环境质量与居民生活满意度的实证分析 [J]. 统计与决策，2011（21）：84－87.

[18] 曹荣湘. 走出囚徒困境：社会资本与制度分析 [M]. 上海：上海三联书店，2003.

[19] 陈柏峰. 熟人社会：村庄秩序机制的理想型探究 [J]. 社会，2011（1）.

[20] 陈昌盛，蔡跃洲. 中国政府公共服务：基本价值取向与综合绩效评估 [J]. 财政研究，2007（6）：20－24.

[21] 陈昌盛. 基本公共服务均等化：中国行动路线图 [J]. 财会研究，2008（2）：15－16.

[22] 陈芳. 公共服务中的公民参与 [M]. 北京：中国社会科学出版社，2011.

[23] 陈刚，李树. 政府如何能够让人幸福？——政府质量影响居民幸福感的实证研究 [J]. 管理世界，2012（8）：55－67.

［24］陈光金．改革社会治理体制　构建现代社会治理模式［J］．中国国情国力，2015（11）：11－12．

［25］陈国申，唐京华．试论外来"帮扶力量"对村民自治的影响——基于山东省 S 村"第一书记"工作实践的调查［J］．天津行政学院学报，2015，17（6）：62－68．

［26］陈家刚．从社会管理走向社会治理［N］．学习时报，2012－10－22（006）．

［27］陈莉，王沛．社会两难中惩罚影响合作行为的研究进展及其启示［J］．华东经济管理，2011，25（9）：144－149．

［28］陈明亮，马庆国，田来．电子政务客户服务成熟度与公民信任的关系研究［J］．管理世界，2009，（2）：58－66，187－188．

［29］陈潭，刘建义．农村公共服务的自主供给困境及其治理路径［J］．南京农业大学学报（社会科学版），2011，11（3）：9－16．

［30］陈天祥，郑佳斯．迈向共建共享新格局：广东探索社会治理创新［M］．广州：中山大学出版社，2017．

［31］陈叶烽．亲社会性行为及其社会性偏好的分解［J］．经济研究，2009，44（12）：131－144．

［32］陈叶烽．社会性偏好的检验：一个超越经济人的实验研究［D］．浙江大学，2010．

［33］程谦．公共服务，公共问题与公共财政建设的关系［J］．四川财政，2003（12）：18－19．

［34］段妍．马克思视野下"国家—社会"关系理论与中国现代社会治理创新［J］．理论探讨，2015（3）：20－23．

［35］范柏乃，张鸣．地方政府信用影响因素及影响机理研究——基于 116 个县级行政区域的调查［J］．公共管理学报，2012，9（2）：1－10，122．

［36］范攀．乡村治理视角下的"第一书记"包村扶贫研究［D］．山东大学，2015．

［37］范如国．复杂网络结构范型下的社会治理协同创新［J］．中国社会科学，2014（4）：98－120，206．

［38］费孝通．乡土中国［M］．北京：北京大学出版社，2005．

［39］付建军，张春满．从悬浮到协商：我国地方社会治理创新的模式转型［J］．中国行政管理，2017（1）：44－50．

［40］傅勇．财政分权，政府治理与非经济性公共物品供给［J］．经济研究，2010（8）：4－15．

［41］高健，秦龙．论马克思社会治理思想的核心内容［J］．中共福建省委党校学报，2015（10）：38－43．

［42］高琳．分权与民生：财政自主权影响公共服务满意度的经验研究［J］．经济研究，2012（7）：86－98．

［43］高培勇．创新公共服务体系建设的理念［N］．人民日报，2007－03－28（009）．

［44］高小林．中国传统文化在现代社会治理中的功能与实现路径研究［D］，西南交通大学，2016．

［45］葛志军，邢成举．精准扶贫：内涵、实践困境及其原因阐释——基于宁夏银川两个村庄的调查［J］．贵州社会科学，2015（5）：157－163．

［46］龚建华．马克思"市民社会"视域下党的社会治理理论研究［J］．社会治理，2016（4）：57－62．

［47］龚维斌．社会治理新常态的八个特征，中国党政干部论坛［J］．中国党政干部论坛，2014（12）：31－35．

［48］郭熙保．社会资本理论：拓展发展经济学的新思路［N］．光明日报，2006－6－19（010）．

［49］韩尚稳，李圆圆．"参与式"扶贫视角下山东省"第一

书记"政策思考——以菏泽市郓城县为例〔J〕. 山东行政学院学报，2013（4）：107 - 110.

　　〔50〕韩尚稳，吴东民. 党建视角下山东省"第一书记"扶贫政策的思考——以菏泽市郓城县为例〔J〕. 长江论坛，2013（3）：89 - 92.

　　〔51〕韩尚稳. 社会资本视域下山东省"第一书记"扶贫政策研究——以菏泽市郓城县为例〔J〕. 中共济南市委党校学报，2013（3）：49 - 52.

　　〔52〕韩毅，高倚云. 晋商文化传统，私人惩罚机制与不完全契约的自我履行——从"朋合制"到"合伙制"的历史制度分析〔J〕. 辽宁大学学报哲学社会科学版，2017（6）：1 - 7.

　　〔53〕韩雨. 日照市政府购买公共服务研究〔D〕. 山东师范大学，2014.

　　〔54〕胡志莹. 多人重复公共物品困境中合作行为影响的实验研究〔D〕. 同济大学，2008.

　　〔55〕黄国宾. 信息披露是否有利于公共品的合作供给？〔J〕. 南方经济，2014（8）：105 - 112.

　　〔56〕黄建东. 联邦分权制中的"权力与人性"〔J〕. 中外管理，2016（6）：70 - 72.

　　〔57〕黄中元. 村党支部第一书记必须处理好的几个关系〔J〕. 村委主任，2011（16）：10 - 11.

　　〔58〕江平. 正确处理市场、社会和政府之间的关系〔J〕. 中国经济周刊，2013（50）：40 - 43.

　　〔59〕姜晓萍. 社会治理创新发展报告（2016）〔M〕. 北京：中国人民大学出版社，2016.

　　〔60〕蒋永甫，莫荣妹. 干部下乡、精准扶贫与农业产业化发展——基于"第一书记产业联盟"的案例分析〔J〕. 贵州社会科

学，2016（5）：162 - 168.

[61] 蓝志勇，胡税根. 中国政府绩效评估：理论与实践 [J]. 政治学研究，2008（3）：106 - 115.

[62] 雷丽. 精确扶贫视角下当好贫困村第一书记的思考——以广西龙州县上金乡卷逢村为例 [J]. 传承，2016（4）：4 - 6.

[63] 李佳，蔡强，黄禄华，王念而，张玉玲. 利他性惩罚的认知机制和神经生物基础 [J]. 心理科学进展，2012，20（5）：682 - 689.

[64] 李军鹏. 国外政府公共服务的启示 [J]. 人民论坛，2006（6）：18 - 20.

[65] 李强. 创新社会治理需要激发社会活力 [N]. 人民日报，2016 - 2 - 2（007）.

[66] 李纾. 确定、不确定及风险状态下选择反转："齐当别"选择方式的解释（英文）[J]. 心理学报，2005（4）：427 - 433.

[67] 李毅. 精准扶贫研究综述 [J]. 昆明理工大学学报（社会科学版），2016，16（4）：68 - 77.

[68] 李勇杰. 习近平社会治理思想研究 [D]. 青岛理工大学，2015.

[69] 连洪泉，周业安，陈叶烽，叶航. 信息公开、群体选择和公共品自愿供给 [J]. 世界经济，2015，38（12）：159 - 188.

[70] 连玉明. 北京市西城区社会治理研究报告 [M]. 北京：当代中国出版社，2016.

[71] 廖小东编. 社会治理与文化体制改革研究 [M]. 北京：经济科学出版社，2012.

[72] 林国华，范攀. "第一书记"在乡村治理中的作用——以山东费县薛庄镇为例 [J]. 山西农经，2016（6）：1 - 3，5.

[73] 刘春荣. 国家介入与邻里社会资本的生成 [J]. 社会学

研究，2007（2）：60-79，244.

[74] 刘尚希. 基本公共服务均等化：目标及政策路径［N］. 中国经济时报，2007-06-12（005）.

[75] 刘胜林，王雨林，庄天慧. 基于文献研究法的精准扶贫综述［J］. 江西农业学报，2015，27（12）：132-136.

[76] 刘晓路，郭庆旺. 财政学300年：基于国家治理视角的分析［J］. 财贸经济，2016（3）：5-13.

[77] 刘延晶. 中共社会治理理论的形成与初步发展研究［D］. 江苏师范大学，2017.

[78] 刘艳军，刘晓青. 基于传统家训文化视角的现代乡村治理与农民社会主义核心价值观培育研究［M］. 北京：光明日报出版社，2016.

[79] 陆方文. 随机实地实验：方法、趋势和展望［J］. 经济评论，2017（4）.

[80] 罗小芳，卢现祥，邓逸. 互惠制度理论和模型述评［J］. 经济学动态，2008（3）：107-112.

[81] 罗志刚. 马克思主义社会治理思想研究综述［J］. 社会科学动态，2017（6）：58-63.

[82] 吕忠. 下派第一书记的逻辑：政治碎片化、动员式治理与政治再整合［J］. 中共青岛市委党校. 青岛行政学院学报，2017（2）：96-100.

[83] 马珺，高培勇. 国家治理与财政学基础理论创新［M］. 北京：中国社会科学出版社，2017.

[84] 倪星. 中国地方政府治理绩效评估研究的发展方向［J］. 政治学研究，2007（4）：92-98.

[85] 聂左玲，汪崇金. 公共品实验中策略性方法的有效性检验——来自中国的经济学实验证据［J］. 财经研究，2013，39

（12）：17－29.

[86] 彭向刚，张杰. 论我国公共服务创新中公民参与的价值及路径 [N]. 吉林大学社会科学学报，2010（4）：5－10.

[87] 漆国生. 公共服务中的公众参与能力探析 [J]. 中国行政管理，2010（3）：56－58.

[88] 乔煜，侯天霞. 马克思市民社会理论对当代中国构建社会治理新常态的启示 [J]. 特区经济，2015（12）：15－17.

[89] 秦畅. 城市治理的 25 枚"绣花针"——上海启示录 [M]. 上海：上海社会科学院出版社，2017.

[90] 卿志琼. 有限理性、心智成本与经济秩序 [M]. 北京：经济科学出版社，2006.

[91] 冉绵惠. 新中国成立初期四川基层政权建设与乡村社会治理 [M]. 北京：中国社会科学出版社，2017.

[92] 冉绵惠. 新中国成立初期四川基层政权建设与乡村社会治理 [M]. 北京：中国社会科学出版社，2017.

[93] 申建林，姚晓强. 对治理理论的三种误读 [J]. 湖北社会科学，2015（2）：37－42.

[94] 史丹，汪崇金. 社会合作的行为经济学解释评述 [J]. 经济学动态，2017（1）.

[95] 宋紫峰，周业安. 收入不平等、惩罚和公共品自愿供给的实验经济学研究 [J]. 世界经济，2011，34（10）：35－54.

[96] 苏明，贾西津，孙洁，韩俊魁. 中国政府购买公共服务研究 [J]. 财政研究，2010（1）：9－17.

[97] 苏振华，王玮. 公民参与地方治理的理论与实践机制 [J]. 阴山学刊，2011，24（1）：81－86.

[98] 苏振华. 中国转型的性质与未来路径选择 [J]. 社会科学战线，2008（3）：12－18.

［99］唐钧．社会治理的四个特征［N］．北京日报，2015－03－02（014）．

［100］陶建群，王慧，张硕．中国乡村治理的"杠杆"效应——江苏如皋机关驻村"第一书记"的创新探索［J］．人民论坛，2012（31）：62－64．

［101］陶希东等著．共建共享：论社会治理．［M］．上海：上海人民出版社，2017．

［102］陶希东．社会治理体系创新：全球经验与中国道路［J］．南京社会科学，2017（1）：62－70．

［103］陶正付，李芳云．"第一书记"助农村党建民生双提升——山东省"第一书记"制度建设实践探析［J］．中国特色社会主义研究，2016（5）：107－112．

［104］陶正付．新时期群众路线的创新与实践——以山东省曲阜市第一书记"1＋1"制度为例［J］．今日中国论坛，2013（1）：8－11．

［105］汪崇金，聂左玲，岳军．个体异质性、预期与公共品自愿供给——来自中国的经济学实验证据［J］．财贸经济，2012（8）：36－45．

［106］汪崇金，史丹．利他性惩罚威胁足以维系社会合作吗——一项公共品实验研究［J］．财贸经济，2016（3）：45－59．

［107］汪崇金，史丹等．打开天窗说亮话：社会合作得以可能？——一项公共品实验［J］．中国工业经济，2018（4）．

［108］汪丁丁．行为经济学讲义［M］．上海：上海人民出版社，2011．

［109］汪锦军．公共服务中的公民参与模式分析［J］．政治学研究，2011（4）：005．

［110］汪仲启．革命要播种，社会建设也要播种——访复旦

大学副校长林尚立教授［N］．社会科学报，2014－5－22．

　　［111］王道勇．加快形成"一主多元"式社会治理主体结构［J］．科学社会主义，2014（2）：25．

　　［112］王道勇．社会合作：现代社会治理的最大难题［N］．学习时报，2014－3－3（004）．

　　［113］王国成，黄涛，葛新权．经济行为的异质性和实验经济学的发展——全国首届实验经济学发展研讨会述评［J］．经济研究，2005（11）：125－128．

　　［114］王木森．社区治理：理论渊源、发展特征与创新走向——基于我国社区治理研究文献的分析［J］．理论月刊，2017（9）：151－157．

　　［115］王浦劬．国家治理、政府治理和社会治理的含义及其相互关系［J］．国家行政学院学报，2014（3）：11－17．

　　［116］王全吉．浙江公共文化服务创新研究［M］．杭州：浙江大学出版社，2013．

　　［117］王亚华，舒全峰．第一书记扶贫与农村领导力供给［J］．国家行政学院学报，2017（1）：82－87，128．

　　［118］王彦平．中国基层社会治理及创新研究——以山西省H县为例［D］．山西大学，2016．

　　［119］韦倩．强互惠理论研究评述［J］．经济学动态，2010（5）：106－111．

　　［120］吴敬琏．多年矛盾积累已到临界点［J］．商周刊，2012（4）：27．

　　［121］西安交通大学中国管理问题研究中心．2017中国社会治理发展报告［M］．北京：科学出版社，2017．

　　［122］肖如平．讨论民国时期的保甲与乡村社会治理［M］．北京：社会科学文献出版社，2017．

［123］肖巍，钱箭星．西欧社会党社会治理理论和政策述要［J］．复旦学报（社会科学版），2006（6）：111－117.

［124］谢小芹．"接点治理"：贫困研究中的一个新视野——基于广西圆村"第一书记"扶贫制度的基层实践［J］．公共管理学报，2016，13（3）：12－22，153.

［125］谢小芹．"双轨治理"："第一书记"扶贫制度的一种分析框架——基于广西圆村的田野调查［J］．南京农业大学学报（社会科学版），2017，17（3）：53－62，156－157.

［126］徐形武，赵梅著．美国公民社会的治理［M］．北京：中国社会科学出版社，2016.

［127］许汉泽，李小云．精准扶贫背景下驻村机制的实践困境及其后果——以豫中J县驻村"第一书记"扶贫为例？［J］．江西财经大学学报，2017（3）：82－89.

［128］晏雄，韩全芳著．云南社会治理年度报告（2016）［R］．社会科学文献出版社，2017（5）.

［129］杨春学．经济人的"再生"：对一种新综合的探讨与辩护［J］．经济研究，2005（11）：22－33.

［130］杨颖．公共服务的概念研究及相关概念辨析［A］．中国科学学与科技政策研究会．第六届中国科技政策与管理学术年会论文集［C］．中国科学学与科技政策研究会，2010（12）.

［131］姚慧，杨忠君．西方经济学的人性假设——从休谟人性哲学到鲍尔斯社会性偏好假设［J］．华中师范大学学报，2011（S3）：20－24.

［132］殷星辰．北京社会治理发展报告（2015～2016）［R］．社会科学文献出版社，2016（5）.

［133］俞可平．中国地方政府的改革与创新［J］．经济社会体制比较，2003（4）：31－34.

［134］俞可平．中国社会治理评价指标体系［J］．中国治理评论，2012（2）：2－29.

［135］岳经纶，邓智平．社会政策与社会治理［M］．北京：中央编译出版社，2017.

［136］张春霖．公共服务提供的制度基础［N］．经济观察报，2007－06－11（014）.

［137］张国清，刘腾．零碎的抑或总体的：杜威和罗尔斯社会治理理论比较研究［J］．浙江大学学报（人文社会科学版），2013（4）：66－76.

［138］张国清．罗尔斯难题：正义原则的误读与批评［J］．中国社会科学，2013（10）：22－40，204－205.

［139］张康之，张乾友．新市民社会背景下的国家与社会治理——对基于市民社会的国家理论的考察［J］．文史哲，2011（1）：144－154.

［140］张维迎．社会合作的制度基础［J］．读书，2014（1）：61－69.

［141］张伟明，刘艳君．社会资本，嵌入与社会治理——来自乡村社会的调查研究［J］．浙江社会科学，2012（11）：60－66.

［142］张雅勤．公共性视野下的国家治理现代化［M］．北京：人民出版社，2017.

［143］张晏，夏纪军．公共品自愿供给机制研究进展［J］．经济学动态，2009（1）：90－95.

［144］张翼，郑少雄，黄丽娜．社会治理：新思维与新实践［M］．北京：社会科学文献出版社，2014.

［145］张翼，郑少雄，黄丽娜．社会治理：新思维与新实践［M］．北京：社会科学文献出版社，2014.

［146］张翼．土地流转、阶层重塑与村庄治理创新——基于

三个典型村落的调研 [J]. 中共中央党校学报, 2016, 20 (2): 13-21.

[147] 郑杭生. "理想类型"与本土特质——对社会治理的一种社会学分析 [J]. 社会学评论, 2014, 2 (3): 3-11.

[148] 郑杭生. 中国社会管理和社区治理的新特点新趋势——从社会学视角看地方经验的持续贡献 [J]. 广州公共管理评论, 2013 (1): 3-14, 346.

[149] 郑晶晶. 问卷调查法研究综述 [J]. 理论观察, 2014 (10): 102-103.

[150] 钟庆君. "第一书记"在创新农村社会管理中的作用与发挥 [J]. 理论学习, 2013 (3): 28-30.

[151] 周红云. 社会治理与社会创新 [M]. 北京: 中央编译出版社, 2015.

[152] 周黎安. 中国地方官员的晋升锦标赛模式研究 [J]. 经济研究, 2007 (36): 50.

[153] 周群, 薛祥伟. 人力资源开发理论视域下的"第一书记"扶贫政策分析 [J]. 延边党校学报, 2013, 29 (4): 92-95.

[154] 周绍杰, 王洪川, 苏杨. 中国人如何能有更高水平的幸福感——基于中国民生指数调查 [J]. 管理世界, 2015 (6): 8-21.

[155] 周巍, 沈其新. 马克思市民社会理论与当代中国社会治理创新 [J]. 甘肃社会科学, 2016 (1): 151-155.

[156] 周燕, 张麒麟等. 信息公开机制控制搭便车行为的效果——实验证据 [J]. 管理科学学报, 2014.

[157] 周业安, 连洪泉, 陈叶烽, 左聪颖, 叶航. 社会角色、个体异质性和公共品自愿供给 [J]. 经济研究, 2013, 48 (1): 123-136.

［158］周业安，宋紫峰．公共品的自愿供给机制：一项实验研究［J］．经济研究，2008（7）：90－104．

［159］周业安．人的社会性与偏好的微观结构［J］．学术月刊，2017，49（6）：59－73．

［160］周业安．度量公共治理［J］，社会治理，2008．

［161］周晔馨，涂勤，胡必亮．惩罚、社会资本与条件合作——基于传统实验和人为田野实验的对比研究［J］．经济研究，2014，49（10）：125－138．

［162］朱富强．"为己利他"行为机理的行为特性：互惠合作［J］．改革与战略，2011，27（1）：11－18．

［163］卓彩琴．生态系统理论在社会工作领域的发展脉络及展望［J］．江海学刊，2013（3）：113－119．

［164］Akpalu W. , B. Abidoye, E Muchapondwa, W. Simbanegavi. Public disclosure for carbon abatement：African decision-makers in a PROPER public good experiment. Climate and Development, 2016 DOI：10. 1080/17565529. 2016, 1174664

［165］Alesina A. , E. Zhuravskaya. Segregation and the quality of government in a cross section of countries. American Economic Review, 2011, 101（5）：1872－1911.

［166］Andreoni J. , L. K. Gee. The hired gun mechanism. National Bureau of Economic Research, 2011.

［167］Andreoni J. Cooperation in public-goods experiments：kindness or confusion? American Economic Review, 1995：891－904.

［168］Andreoni J. Why free ride? Strategies and learning in public goods experiments. Journal of Public Economics, 1988, 37（3）：291－304.

［169］Ariely D. , Bracha A. , Meier, S. Doing good or doing

well: Image motivation and monetary incentives in behaving pro-socially. American Economic Review, 2009 (9) 544 - 555.

[170] Arrow K. J. Insurance, risk and resource allocation. Foundations of insurance Economics. Springer Netherlands, 1992: 220 - 229.

[171] Ashley R. , S. Ball, et al. Motives for giving: A reanalysis of two classic public goods experiments. Southern Economic Journal, 2010, 77 (1): 15 - 26.

[172] Bacharach M. , Gérard-Varet L. A. , Mongin P. , et al. Epistemic logic and the theory of games and decisions. Economics & Philosophy, 1999, 15 (2): 318 - 324.

[173] Balafoutas L. , N. Nikiforakis. Norm enforcement in the city: a natural field experiment. European Economic Review, 2012, 56 (8): 1773 - 1785.

[174] Bangeman, Eric. ebay's new feedback policy: No real feedback, Ars Technica, 2008, February.

[175] Bayer R. C. , E. Renner, et al. Confusion and reinforcement learning in experimental public goods games. Experimental Economics, 2013, 16 (4): 478 - 496.

[176] Beath A. , F. Christia, R. Enikolopov. Winning hearts and minds through development? Evidence from a field experiment in Afghanistan. Policy Research Working Paper. 2012, 107 (3): 540 -557.

[177] Becker, S. Gary. Economic approach to human behaviour. University of Chicago Press, 1976 (4): 515 - 518.

[178] Benabou R. , Tirole J. Incentives and pro-social behavior. American Economic Review, 2006, 96, 1652 - 1678.

[179] Berg J. , J. Dickhaut, et al. Trust, reciprocity and social history. Games and Economic Behavior, 1995, 10 (1): 122 -142.

［180］B. F. Jones, B. A. Olken. The anatomy of start-stop growth. The Review of Economics and Statistics, 2008, 90 (3): 582 − 587.

［181］Bigoni M. , Suetens S. Feedback and dynamics in public good experiments. Journal of Economic Behavior & Organization. 2012, 82 (1): 86 − 95.

［182］Blanco M. , D. Engelmann, et al. A within-subject analysis of other-regarding preferences. Games and Economic Behavior, 2011, 72 (2): 321 − 338.

［183］Bo R. , Eek D. Political corruption and social trust. Social science electronic publishing, 2009, 21 (1): 81 − 112.

［184］Bochet O. , T. Page, et al. Communication and punishment in voluntary contribution experiments. Journal of Economic Behavior & Organization, 2006, 60 (1): 11 − 26.

［185］Bolton G. E. , Ockenfels A. ERC: A theory of equity, reciprocity and competition. American economic review, 2000: 166 −193.

［186］Bouma J. , Bulte E. , Soest D. V. Trust and cooperation: Social capital and community resource management. Journal of Environmental Economics & Management, 2008, 56 (2): 155 − 166.

［187］Bowles S. , H. Gintis. Social capital and community governance. The Economic Journal, 2002, 112 (483): F419 − F436.

［188］Bowles S. , H. Gintis. The evolution of reciprocal preferences. Working Papers, 2000.

［189］Bowles S. , H. Gintis. The moral economy of communities: Structured populations and the evolution of pro-social norms. Evolution and human behavior, 1998, 19 (1): 3 − 25.

［190］Boyd R. , P. J. Richerson. Solving the puzzle of human cooperation. Evolution and Culture, Cambridge MA: MIT Press, 2003.

[191] Bruni L. , M. Gilli, et al. Reciprocity: theory and facts. International Review of Economics, 2008, 55 (1): 1 - 11.

[192] Buckholtz J. W. , C. L. Asplund, et al. , The neural correlates of third-party punishment. Neuron, 2008, 60 (5): 930 -940.

[193] Caldwell J. C. Toward a restatement of demographic transition theory. Population and development review, 1976: 321 - 366.

[194] Caldwell M. D. Communication and sex effects in a five-person prisoner's dilemma game. Journal of Personality and Social Psychology, 1976, 33 (3): 273.

[195] Carpenter J. P. The demand for punishment. Journal of Economic Behavior & Organization, 2007, 62 (4): 522 - 542.

[196] Carpenter J. , P. H. Matthews. What norms trigger punishment? Experimental Economics, 2009, 12 (3): 272 - 288.

[197] Casari M. Weak reciprocity alone cannot explain peerpunishment. Behavioral and Brain Sciences, 2012, 35 (1): 21 - 22.

[198] Chaudhuri A. Sustaining cooperation in laboratory public goods experiments: a selective survey of the literature. Experimental Economics, 2011, 14 (1): 47 - 83.

[199] Chothia T. , V. Smirnov. A traceability attack against e-passports. Financial Cryptography & Data Security. , Interna, 2010 (6052): 20 - 34.

[200] Cinyabuguma M. , T. Page, et al. Can second-order punishment deter perverse punishment? Experimental Economics 2006, 9 (3): 265 - 279.

[201] Cinyabuguma, Matthias, Talbot Page, L Putterman. On perverse and second-order punishment in public goods experiments with decentralized sanctioning. Experimental Economics, 2006 (9): 265 -279.

［202］ Clutton-Brock T. H. , G. A. Parker. Punishment in animal societies. Nature, 1995, 373 (6511): 209 - 216.

［203］ Croson R. , E. Fatas, et al. Reciprocity, matching and conditional cooperation in two public goods games. Economics Letters, 2005, 87 (1): 95 - 101.

［204］ Damasio H. , T. Grabowski. , R. Frank. , A. M. Galaburda, A. R. Damasio. The return of phineas gage: Clues about the brain from the skull of a famous patient. Science, 1994, 264 (5162): 1102.

［205］ Daniel L. Chen, Martin Schonger, Chris Wickens. Otree—An open-source platform for laboratory, online, and field experiments. Journal of Behavioral and Experimental Finance, 2016 (9): 88 - 97.

［206］ De Quervain, U. Fischbacher, et al. The neural basis of altruistic punishment. Science, 2004, 305 (5688): 1254.

［207］ Denant-Boemont, L. , et al. Punishment, counterpunishment and sanction enforcement in a social dilemma experiment. Economic theory, 2007, 33 (1): 145 - 167.

［208］ Dreber A. , Rand D. G. , Fudenberg D. , et al. Winners don't punish. Nature, 2008, 452 (7185): 348 - 351.

［209］ Egloff B. , D. Richter, et al. Need for conclusive evidence that positive and negative reciprocity are unrelated. Proceedings of the National Academy of Sciences, 2013, 110 (9): E786 - E786.

［210］ Engel, C. , et al. Can we manage first impressions in cooperation problems? An experimental study on Broken and Fixed Windows. Working Paper Series of the Max Planck Institute for Research on Collective Goods, 2011.

［211］ Ernst Fehr, Andreas Leibbrandt. A field study on cooperativeness and impatience in the Tragedy of the Commons. Journal of Public Economics, 2012, 95 (9): 1144 - 1155.

[212] Ertan A. , et al. Who to punish? Individual decisions and majority rule in mitigating the free rider problem. European Economic Review, 2009, 53 (5): 495 - 511.

[213] Fahr R. , B. Irlenbusch. Fairness as a constraint on trust in reciprocity: Earned property rights in a reciprocal exchange experiment. Economic Letters, 2000, 66 (3): 275 - 282.

[214] Falk A. , E. Fehr, et al. On the nature of fair behavior. Economic Inquiry, 2005, 41 (1): 20 - 26.

[215] Falk A. , E. Fehr, et al. Testing theories of fairness-Intentions matter. Games and Economic Behavior, 2008, 62 (1): 287 -303.

[216] Fehr E. , K. M. Schmidt. A theory of fairness, competition, and cooperation. Quarterly Journal of Economics, 1999, 114 (3): 817 - 868.

[217] Fehr E. , S. Gächter. Altruistic punishment in humans. Nature 2002, 415 (6868): 137 - 140.

[218] Fehr E. , S. Gächter. Cooperation and punishment in public goods experiments. American Economic Review, 2000, 90 (4): 980 -994.

[219] Fehr E. , S. Gächter. Reciprocity and economics: The economic implications of Homo Reciprocans. European Economic Review, 1998, 42 (3 -5): 845 - 859.

[220] Fehr E. , U. Fischbacher. Third-party punishment and social norms. Evolution and human behavior 2004, 25 (2): 63 - 87.

[221] Fischbacher U. , S. Gächter, et al. Are people conditionally cooperative? Evidence from a public goods experiment. Economics

Letters, 2001, 71 (3): 397 - 404.

[222] Fischbacher U. Z-Tree: Zurich toolbox for ready-made economic experiments. Experimental Economics, 2007, 10 (2): 171 -178.

[223] Fischbacher U and S. Gächter, Social preferences, beliefs, and the dynamicsof free riding in public goods experiments. American Economic Review, 2010, 100 (1): 541 - 556.

[224] Fisman R. , J. Svensson. Are corruption and taxation really harmful to growth? Firm level evidence. Journal of Development Economics, 2007, 83 (1): 63 - 75.

[225] Frank R. H. , Gilovich T. , Regan D T. The evolution of one-shot cooperation: An experiment. Ethology & Sociobiology, 1993, 14 (4): 247 - 256.

[226] Frank R. , Gilovich, T. , Regan T. Do economists make bad citizens? Journal of Economic Perspectives, 10 (1), January 1996, 187 - 192.

[227] Fudenberg D. , P. A. Pathak. Unobserved punishment supports cooperation. Journal of Public Economics, 2010, 94 (1 - 2): 78 -86.

[228] Gächter S. , B. Herrmann. The limits of self-governance when cooperators get punished: Experimental evidence from urban and rural Russia. European Economic Review, 2011, 55 (2): 193 - 210.

[229] Gächter S. , et al. Sequential vs. simultaneous contributions to public goods: Experimental evidence. Journal of Public Economics, 2010, 94 (7): 515 - 522.

[230] Gächter S. , et al. Trust, voluntary cooperation and socio-economic background: survey and experimental evidence. Journal of Eco-

nomic Behavior & Organization, 2004, 55 (4): 505 - 531.

[231] Garcia, H. J. , Afsah, S. , Sterner, T. Which firms are more sensitive to public disclosure schemes for pollution control? Evidence from Indonesia's PROPER program. Environment and Resource Economics, 2009 (42): 151 - 168.

[232] Garcia, H. J. , Sterner, T. , Afsah, S. Public disclosure of industrial pollution. The Proper approach for Indonesia? Environment and Development Economics, 2007 (12): 739 - 756.

[233] Guala, F. Reciprocity: weak or strong? What punishment experiments do (and do not) demonstrate. Behavioral and Brain Sciences, 2012, 35 (1): 1.

[234] Guala, F. Strong reciprocity is real, but there is no evidence that uncoordinated costly punishment sustains cooperation in the wild. Behavioral and Brain Sciences, 2012, 35 (1): 45 - 59.

[235] Güney, ş. and B. R. Newell. Is strong reciprocity really strong in the lab, let alone in the real world? Behavioral and Brain Sciences, 2012, 35 (1): 29 - 29.

[236] Güth W. , Schmittberger R. , Schwarze B. An experimental analysis of ultimatum bargaining. Journal of Economic Behavior & Organization, 1982, 3 (4): 367 - 388.

[237] Gutierrez R. A. , Ewing R. M. , Cherry J. M. , et al. Identification of unstable transcripts in Arabidopsis by cDNA microarray analysis: rapid decay is associated with a group of touch-and specific clock-controlled genes. Proceedings of the National Academy of Sciences of the United States of America, 2002, 99 (17): 11513 -11518.

[238] Henrich J. Demography and Cultural Evolution: How adaptive cultural processes can produce maladaptive losses: The tasmanian

case. American Antiquity, 2004, 69 (2): 197 - 214.

[239] Henrich, J. , J. Ensminger, et al. Markets, religion, community size and the evolution of fairness and punishment. Science 2010, 327 (5972): 1480.

[240] Henrich, J. , R. Boyd. Why people punish defectors: Weak conformist transmission can stabilize costly enforcement of norms in cooperative dilemmas. Journal of Theoretical Biology, 2001 (2081): 79 - 89.

[241] Henrich, J. , Boyd, R. Bowles, Camerer, et al. In search of homo economicus: Behavioral experiments in 15 small-scale socie-ties. American Economie Review, 2001, 91 (2): 73 - 78.

[242] Herrmann, B. , C. Thöni, et al. Antisocial punishment across societies. Science, 2008, 319 (5868): 1362.

[243] Herrmann, B. , C. Thöni. Measuring conditional coopera-tion: a replication study in Russia. Experimental Economics, 2009, 12 (1): 87 - 92.

[244] Hodes R. J. , Buckholtz N. , Cahan V. , et al. Eyes on the prize: Federal Alzheimer's research effort aims to facilitate interven-tions. Alzheimers & Dementia, 2008. , 4 (1): S37 - S47.

[245] Hohlt B. , L. Doherty, E. Brewer. Flexible power schedu-ling for sensor networks. International Symposium on Information Proces-si, 2004 : 205 - 214.

[246] Houser D. , R. Kurzban. Revisiting kindness and confusion in public goods experiments. American Economic Review, 2002, 92 (4): 1062 - 1069.

[247] Irlenbusch B. , Rilke, R. M. , Public good examples-on the role of limited feedback in voluntary contribution games, Working

Paper, No. 04, Cologne Graduate School in Management, Economics and Social Sciences, 2013.

[248] Irlenbusch B. , Ter Meer, J. , Fooling the nice guys: Explaining receiver credulity in a public good game with lying and punishment, Journal of Economic Behavior & Organization, 2013 (93): 321 - 327.

[249] Isaac R. M. , J. M. Walker. Communication and free-riding behavior: The voluntary contribution mechanism. Economic Inquiry, 1988, 26 (4): 585 - 608.

[250] Janssen M. A. , R. Holahan, et al. Lab experiments for the study of social-ecological systems. Science, 2009, 328 (5978): 613 - 617.

[251] Joseph Henrich, Robert Boyd. Why people punish defectors: Weak conformist transmission can stabilize costly enforcement of norms in cooperative dilemmas. Journal of Theoretical Biology, 2001, 208 (1): 79 - 89.

[252] K. Arrow, F. Hahn. Notes on sequence economies, transaction costs, and uncertainty. Journal of Economic Theory, 1999, 86 (2): 203 - 218.

[253] Kamei K. , et al. State or nature? Formal vs. Informal sanctioning in the voluntary provision of public goods. Experimental Economics, 2015: 2011 - 2013.

[254] Kaufmann D. , K. Aart, and Z. Pablo. Governance matters. World Bank Policy Research Working Paper No. 2196, 1999.

[255] Kawagoe, Yoshida, Kozaki, Kawano. Possibility of early rice [Oryzasativa] under direct sowing culture in early season culture. Kyushu Agricultural Research, 1998.

[256] Kelly Krawczyk, J. Sweet-Cushman, R. Muhula. The road to good governance: Via the path less accountable? The effectiveness of fiscal accountability in Liberia. International Journal of Public Administration, 2013, 36 (8).

[257] Knoch, D. , A. Pascual-Leone, et al. Diminishing reciprocal fairness by disrupting the right prefrontal cortex, Science, 2006, 314 (5800): 829.

[258] Kurzban R. , D. Houser. Experiments investigating cooperative types in humans: A complement to evolutionary theory and simulations. Proceedings of the National Academy of Sciences of the United States of America 2005, 102 (5): 1803.

[259] Lankau M. , Bicskei M. , Bizer K. Cooperation preferences in the provision of public goods: An experimental study on the effects of social identity. University of Göttingen, 2012.

[260] Ledyard J. O. Public goods: A survey of experimental research. Levines Working Paper Archive, 1995, 1 (9405003).

[261] Levy-Garboua L. , C. Meidinger, et al. The formation of social preferences: some lessons from psychology and biology. Handbook on the Economics of Giving, Reciprocity and Altruism, January 2006, 545 - 613.

[262] Li Y. , T. Yamagishi. A test of the strong reciprocity model: relationship between cooperation and punishment. The Japanese journal of psychology, 2014, 85 (1): 100 - 105.

[263] Liebrand W. , R. Jansen, V. Rijken. Might over morality: Social values and the perception of other players in experimental games. Journal of Experimental Social Psychology, 1986 (22): 203 - 215.

[264] Liebrand W. , Wilke H. , Vogel R. , et al. Value orienta-

tion and conformity: A study using three types of social dilemma games. Journal of Conflict Resolution, 1986, 30.

[265] Lsaac R. , J. Walker. Communication and free-riding behavior: The voluntary contribution mechanism. Economic Inquiry, 1998, 26 (4): 585 - 608.

[266] M. Rabin. Incorporating fairness into game theory and economics. American Economic Review, 1993, 83 (5): 1281 - 1302.

[267] Marlowe F. W. , J. C. Berbesque. More altruistic punishment in larger societies. Proceedings Biological Sciences, 2008, 275 (1634): 587.

[268] Masclet D. , C. Noussair, et al. Monetary and nonmonetary punishment in the voluntary contributions mechanism. American Economic Review, 2003, 93 (1): 366 - 380.

[269] Mattia Fochesato, Samuel Bowles. Nordic exceptionalism? Social democratic egalitarianism in world-historic perspective. Journal of Public Economics, 2015 (127): 30 - 44.

[270] Mizuho Shinada, Toshio Yamagishi. Punishing free riders: direct and indirect promotion of cooperation. Evolution and Human Behavior, 2007, 28 (5): 330 - 339.

[271] Mulder L. , E. Van Dijk, et al. Undermining trust and cooperation: The paradox of sanctioning systems in social dilemmas. Journal of Experimental Social Psychology, 2006, 42 (2): 147 - 162.

[272] Muller L. , M. Sefton, et al. Strategic behavior and learning in repeated voluntary contribution experiments. Journal of Economic Behavior & Organization, 2008, 67 (3): 782 - 793.

[273] N. Nikiforakis, D. Engelmann. Altruistic punishment and the threat of feuds. Journal of Economic Behavior & Organization,

2011, 78 (3): 319 - 332.

[274] Nash J. F. The Bargaining Problem. Econometrica, 1950, 18 (2): 155 - 162.

[275] Neugebauer, T., J. Perote, et al. Selfish-biased conditional cooperation: On the decline of contributions in repeated public goods experiments. Journal of Economic Psychology, 2009, 30 (1): 52 - 60.

[276] Newton K. Social and Political Trust. The International Encyclopedia of Political Communication. John Wiley & Sons, Inc. 2011.

[277] Nikiforakis N., Noussair N., Wilkening, T. Normative conflict and feuds: the limits of self-enforcement. Journal of Public Economics, 2012, 96 (9 - 10): 797 - 807.

[278] Nikiforakis N., T. Normann. A comparative statics analysis of punishment in public-good experiments. Experimental Economics, 2008, 11 (4): 358 - 369.

[279] Nikiforakis N. Punishment and counter-punishment in public good games: Can we really govern ourselves? Journal of Public Economics, 2008, 92 (1 - 2): 91 - 112.

[280] Noussair C. N., F. Tan. Voting on punishment systems within a heterogeneous group. Journal of Public Economic Theory, 2011, 13 (5): 661 - 693.

[281] Nowak A., Page M., Sigmund K., R. Eports. Fairness versus reason in the ultimatum game. Science, 2000, 289 (5485): 1773 - 1775.

[282] Ostrom E., J. Walker, R. Gardner. Covenants with and without a sword: Self-governance is possible. The American Political Science Review, 1992, 86 (2): 404 - 417.

[283] Ostrom, E., J. Walker, et al. Covenants with and without

a sword: Self-governance is possible. The American Political Science Review, 1992: 404 - 417.

[284] Oxoby R. J. , Spraggon J. Mine and yours: Property rights in dictator games. Journal of Economic Behavior & Organization, 2008, 65 (3): 703 - 713.

[285] Paul A. Samuelson. The Pure Theory of Public Expenditure. The Review of Economics and Statistics, Vol. 36, No. 4, 1954: 387 - 389.

[286] Pelligra V. Under trusting eyes: the responsive nature of trust. Gui and Sugden, 2005: 105 - 124.

[287] Perc M. Sustainable institutionalized punishment requires elimination of second-order free-riders. Scientific Reports, 2012 (2).

[288] Pfattheicher S. , et al. Sadism, the intuitive system and antisocial punishment in the public goods game. Personality and Social Psychology Bulletin, 2017, Vol. 43 (3) 337 - 346.

[289] Putterman L. , et al. Public goods and voting on formal sanction schemes. Journal of Public Economics, 2011, 95 (9 - 10): 1213 - 1222.

[290] Rachel Croson, Jen Shang. The impact of downward social information on contribution decisions. Experimental Economics, 2008, 11 (3): 221 - 233.

[291] Rege M. , Telle K. The impact of social approval and framing on cooperation in public good situations. Journal of Public Economics, 2004 (88): 1625 - 1644.

[292] Reilly C. Public goods provision in an experimental environment. Journal of Public Economics, 1985, 26 (1): 51 - 74.

[293] Richard D. Alexande. The biology of moral systems. Trans-

action Publishers, 1987.

[294] Rustagi D., S. Engel, et al. Conditional cooperation and costly monitoring explain success in forest commons management. Science, 2010, 330 (6006): 961 - 965.

[295] Saijo T., Nakamura, H. The spite dilemma in voluntary contribution mechanism experiments. Journal of Conflict Resolution, 1995, 39 (3), 535 - 560.

[296] Sanfey G., Rilling K., Aronson A., et al. The Neural Basis of Economic Decision-Making in the Ultimatum Game. Science, 2003, 300 (5626): 1755.

[297] Schultz W., Romo R. Neuronal activity in the monkey striatum during the initiation of movements. Experimental Brain Research, 1988 (71): 431 - 436.

[298] Sefton M., R. Shupp, et al. The effect of rewards and sanctions in provision of public goods. Economic Inquiry, 2007, 45 (4): 671 - 690.

[299] Sell J., Wilson R. Levels of Information and Contributions to Public Goods, Social Forces, 1991, 70 (1): 107 - 124.

[300] Sethi R., E. Somanathan. The evolution of social norms in common property resource use. American Economic Review, 1996, 86 (4): 766 - 788.

[301] Shinada M., T. Yamagishi. Punishing free riders: Direct and indirect promotion of cooperation. Evolution and human behavior 2007, 28 (5): 330 - 339.

[302] Sutter M., et al. Choosing the carrot or the stick? endogenous institutional choice in social dilemma situations. Review of Economic Studies, 2010, 77 (4): 1540 - 1566.

[303] Suzuki S. , K. Niki, et al. Neural basis of conditional co-operation. Social Cognitive and Affective Neuroscience, 2001, 6 (3): 338 - 347.

[304] Thöni C. , J. Tyran, et al. Microfoundations of social capital. Journal of Public Economics, 2012, 96 (7): 635 - 643.

[305] Thöni C. Inequality aversion and antisocial punishment, University of St. Gallen, 2011.

[306] Trivers R. L. The evolution of reciprocal altruism. Quarterly Review of Biology, 1971, 46 (1): 35 - 57.

[307] Vittoria Levati, Tibor Neugebauer. An application of the english clock market mechanism to public goods games. Experimental Economics, 2004, 7 (2): 153 - 169.

[308] Volk S, C. Thöni, W. Ruigrok. Journal of Economic Behavior & Organization, 2012, 81 (2): 664 - 676.

[309] Weimann J. Individual Behavior in A Free riding Experiment. Journal of Public Economics, 1994, 54 (2): 185 - 200.

[310] World Bank. World development report 2015: Mind, society, and behavior. 2014.

[311] Wu J. J. , B. Y. Zhang, et al. Costly punishment does not always increase cooperation. Proceedings of the National Academy of Sciences, 2009, 106 (41): 17448.

后 记

我本不想写后记的，但直到最后校稿时，突然感觉书中一字一句都来之不易，方改变了主意。

本书以公共品实验研究为选题，纯属误打误撞，没想到后来还赶上了新潮流。我是 2009 年 9 月进入上海财经大学攻读博士学位的，记得第一次见导师蒋洪教授时，他就跟我们讲现行的财政学教材无法解释公共事务领域的很多问题，比如人类是如何走出霍布斯丛林的。巧合的是，埃莉诺·奥斯特罗姆教授分享了那一年的诺贝尔经济学奖，媒体报端到处都在解读她的学术思想。我也是那个时候才细读了她的代表作《公共事务治理之道》。这些都与我的选题有关。但我第一次了解经济学实验、对公共品问题产生兴趣，还是始于在图书馆阅览室看到《美国经济学评论》（*American Economic Review*）上题为"公共品博弈中的制度形成"（Institution formation in public goods games）的论文。这篇论文除了正文外还有 33 页的附录，我花了 2 个星期才算弄明白。这篇文章的实验程序是由作者编写，并非我后来一直使用的 z-Tree 软件。但在"借文献追文献"的过程中，我渐渐了解公共品实验研究是个方向，并对其产生了兴趣，而且还发现有不少文献都提到 z-Tree 软件。这是德国康斯坦茨大学 U. Fischbacher 教授设计、产权归属苏黎世大学的一个实验平台。我经过提交申请等手续，获得了免费使用权，然后自学软件说明书，钻研官方网站的示例，尝试编写实验程序。令我比较欣慰的是，官方网站的很多示例都是以德文编写的，而我在德国的留学经历算是自己的一点优势；另外，我作为大学教师，组织学生参加实验也不是问题。我就是这样与实验经济学结缘，并最终确定了这个选题。经济学实验今天已成了广泛使用的研究工具，但我当初并没有料想到，这纯属巧合。

本书讲了一个情节曲折但内容完整的故事，也是纯属误打误撞，没有想到还应验了一个古老的预言。"社会合作何以可能"一直是社会科学积极探索的重大命题。先哲托马斯·霍布斯、约翰·洛克早已论证过人类是如何从"自然状态"走向合作，组建"利维坦"或"共同体"。他们指出，"自然状态"下的人们可以"按照他们认为合适的办法，决定他们的行动和处理他们的财产和人身……"，甚至"人人都享有惩罚罪犯和充当自然法的执行人的权利"，他们看似自由、平等，但实际上并不幸福，人与人之间的纠纷往往找不到妥当的解决方案，进而可能恶化成一场又一场的战争，"避免这种战争状态是人类组成社会和脱离自然状态的一个重要原因"。先哲的论述从起点直接过渡到终点，中间的"黑箱"则留给后人来想象。在纪念美国《科学》杂志创刊 125 周年之际，科学家们总结出了 125 个迄今我们还不能很好回答的问题，"社会合作何以可能"赫然在列。主流经济学按照"经济人"假设，总结了声誉、重复交往、群体选择等促进社会合作的机制，但无法解释大规模社会陌生人之间的社会合作。在桑塔费学派看来，人在长期的互动与演化中形成了愿意合作讨厌不合作的社会偏好，相关文献称之为强互惠行为，细分为条件性合作与利他性惩罚。这可能是破解"社会合作何以可能"难题的一个突破口。

本书正是以此为逻辑起点，运用公共品实验的方法，先后验证了人的条件性合作与利他性惩罚的倾向，回应了对"经济人假设"的质疑，并描述了这样一幅图景：群体中有些人为强互惠者，他们会积极尝试着与他人合作，另一些人为搭便车者，不顾他人的善意而搭他人的便车。如果搭便车行为不能被有效抑制，强互惠者也会效仿，合作难免退化。但如果允许人们相互监督与惩罚，那么源自强互惠者的利他性惩罚将会对搭便车者形成有效威胁，并有助于强互惠者对他人形成良好的合作预期，从而维系较高水平的社会合作。然而这还不是本书故事的全部。如洛克所强调的，由于人人都享有惩罚罪犯和充当自然法的执行人的权利，人与人之间的纠纷可能恶化成一场又一场的战争。这在公共品实验中得到了验证，人与人之间的相互监督与惩罚，不仅仅指向那些搭便车者，也可能指向合作者。指向合作者的惩罚显然不利于维系合作，因此被称为反社会惩罚。进一步的实验证实，如果允许被试将自己的惩罚权力让渡给外在权威，很多人会愿意这么做的。这实际上验证了先哲们的预言。

本书运用中国被试为实验对象，跟踪了国际前沿动态，提供了来自中国实验的新证据，也获得了符合中国现实的异样结论。据我掌握的资料来看，本书在国内率先运用菲施巴赫尔等人（Fischbacher et al.，2001）的两阶段公共品实验方法定量分析了人的社会偏好异质性，并验证了该方法与直接回应法的一致性，这些都是对国际文献的有益补充。与此同时，本书在跟踪的同时也不乏超越。比如，本书根据被罚者对惩罚的可接受程度的差异，将私人之间的惩罚细分为六类，并分析各类惩罚对社会合作的影响；本书发现，如果不及时公开惩罚信息，那些搭便车者往往会不相信他人会惩罚自己，这也许是私人之间的相互监督与惩罚在我们现实生活中难以发挥社会控制职能的重要原因；本书还从社会资本的视角，解释人们的反社会惩罚，并探讨私人惩罚的强化机制，也是一个创新与贡献。由于中国被试长期受到集体主义、威权主义和等级文化的熏染，他们的行为方式与实验结论历来都备受实验研究者们的关注，本书的实验研究具有较强的理论价值。

　　本书不仅分析了人的条件性合作这一亲社会特征，更是深入讨论了人与人之间的相互监督与惩罚，这恰好契合了当前中国社会治理创新的实践。在当今现代社会治理中，人们的强互惠特质得到重视与重用。中国一方面积极培育和弘扬社会主义核心价值观，激发人们与他人合作的亲社会性，将社会主义核心价值观当作全民族奋发向上、团结和睦的精神纽带，凝聚集体行动的力量，提升公共服务的共建能力。另一方面，更加重用人的利他性惩罚特质，强化以国家强制力为后盾的公共惩罚的同时，积极完善社会监督机制。一提到私人之间的相互监督与惩罚，人们往往会想到"揭发""检举"，甚至与"打小报告"联系起来，在很多人看来这是不值得提倡的。然而，包括利他性惩罚在内的私人之间的相互监督与惩罚，自古以来就是维系伦理、道德、习俗、禁忌、礼仪、规矩等非正式制度的重要力量，这在经济学史研究者对现实生活中用于管理和保护公共品制度的自发形成过程的研究中也得以体现。党的十八大以来，私人之间的相互监督与惩罚为反腐败斗争、环境大督查等提供了大量的"地方知识"。应该说，在当前社会治理实践中，在强调"放权让利"、从正向激励入手"把激励搞对"的同时，还在不断强化利他性惩罚在内的各种形式的惩罚，着力构建多层次的惩戒体系，从负向激励入手"把激励搞对"。这一逻辑是有别于以往的家庭联产承包责任制改革、国有企业改革的，也是当前社会治理的一个重要突破口和显著特征。

　　当然，我们需要辩证地看待私人之间的相互监督与惩罚。正如本书所阐述的，包括报复性的惩罚、居心叵测的惩罚在内的反社会惩罚，也是一种常见的社会现象，与利他性惩罚一起构成了硬币的正反两面。私人之间的相互监督与惩罚一旦运用不当，往往会招致猜忌、报复，甚至结下世仇，进而破坏团结、侵蚀信任、阻碍合作，最终散失社会控制功能。我们乐见，近来多地纪委监委向社会澄清一些不实举报，激励干部担当作为。这是在私人惩罚与公共惩罚的互动中探寻良法善治，是对反腐败斗争的又一制度创新。

我写就了这本书，这本书也记录了我的付出、见证了我的成长。本书是在我博士论文的基础上修改完成的，尽管不算完美，但是算上我读博的 4 年，再加上毕业后的不断补充完善，到今天的正式出版，前后大约经历了 10 年时间。我在尝试回答导师当初的"丛林之问"，自己却误入了一片丛林。在这片丛林里，很少能够碰见人，偶尔擦肩而过的也都是些外国人，很少能够帮到我。我之所以能够走出那片差一点让我迷失的丛林，有三点值得一提，权当自勉。一是坚持读文献，我先后阅读了 400 多篇相关文献，其中大多为国际前沿成果，而且很多是跨学科的，比如脑科学的、计算机仿真的、演化博弈的，啃读这些文献的艰辛程度是可想而知的。但我靠着"拔出萝卜带出泥"的韧劲，一点一滴地积累文献，最终绘就了走出丛林的路线图。二是坚持实践。对于文献中的重要实验，一定要尝试着做。做实验最大的困难是写代码编程序。有时为了一个实验程序，需要不厌其烦地试错，一两个星期搞不定。即使如此，我也没有放弃过，因为我始终相信，路是走出来的，只有迈开脚步，才有走出去的希望。三是力求精耕细作。做研究写文章，当中引用的每一个观点，使用的每一个数据，都应经得起推敲、赢得起官司。学术研究是一个求真的过程，这是一个基本准则。在这 10 年间的学术路上，我走的每一步都是比较艰辛。一分耕耘一分收获。我这 10 年间基本上是以本书为轨迹，逐渐凝练形成了自己的研究方向，先后在《财经研究》《财贸经济》《外国经济与管理》《经济学动态》《中国工业经济》发表了 6 篇公共品实验方面的论文，其中一文还被《新华文摘》全文转载。

在对本书做最后校稿时，我突然感觉书中的每一段话，都能让我想起某件事、某个人。我要感谢我的母亲，她给了我凡事力求完美的基因，培养了我吃苦耐劳的品德，是这些支撑着我走出了丛林。我要感谢我的妻子，她也有繁重的科研任务，但她主动承担起大量的家务，特别是在我们经济并不宽裕的日子里，对我花钱聘学生做实验毫无怨言，她总是用实际行动支持着我做研究。我要感谢蒋洪教授、高培勇教授、史丹教授、周业安教授等，感谢他们给了我一个个机会，引领着我一步步往前走。我要感谢参加实验的学生们，他们在实验后与我分享的实验体会给了我很多帮助，让我体会到教学相长的真谛。我要感谢的人还有很多很多，难免提一丢百，姑且如此了。

汪崇金

伯明翰，2018 年仲秋节